高等职业教育高速铁路系列教材

高速铁路车站与线路

徐友良　主编
顾庆涛　主审

中国铁道出版社
2019年·北京

内 容 简 介

本书为高等职业教育高速铁路系列教材之一。本书比较全面、系统地阐述了高速铁路线路和车站的基本知识、基本概念、基本原理、相关标准规范。其主要内容包括高速铁路选线与主要技术标准、高速铁路线路平面及纵断面设计、高速铁路轨道及道岔、高速铁路车站分布及车站设计、高速铁路客运设备及段所布置、高速铁路引入大城市铁路枢纽设计等。

本书是高职院校铁道交通运营管理专业教材，也可供相关专业职工培训使用。

图书在版编目(CIP)数据

高速铁路车站与线路/徐友良主编．—北京：中国铁道出版社，2012.6（2019.1重印）

高等职业教育高速铁路系列教材

ISBN 978-7-113-14323-7

Ⅰ.①高… Ⅱ.①徐… Ⅲ.①高速铁路—铁路线路—高等职业教育—教材②高速铁路—铁路车站—高等职业教育—教材 Ⅳ.①U238

中国版本图书馆 CIP 数据核字(2012)第 095463 号

书　　名：高速铁路车站与线路

作　　者：徐友良　主编

责任编辑：金　锋　**电话**：010-51873125　**邮箱**：jinfeng88428@163.com

封面设计：崔丽芳

责任校对：孙　玫

责任印制：李　佳

出版发行：中国铁道出版社（100054，北京市西城区右安门西街 8 号）

网　　址：http://www.tdpress.com

印　　刷：三河市宏盛印务有限公司

版　　次：2012 年 6 月第 1 版　　2019 年 1 月第 4 次印刷

开　　本：787 mm×960 mm　1/16　**印张**：9　**字数**：212 千

印　　数：10 001 ~ 13 000 册

书　　号：ISBN 978-7-113-14323-7

定　　价：25.00 元

高速铁路系列教材编审委员会

序

中国铁路一直认真贯彻党中央、国务院关于铁路技术装备现代化的部署，按照“先进、成熟、经济、适用、可靠”的技术方针，瞄准世界高速铁路最先进技术，通过原始创新、集成创新和引进消化吸收再创新的有机结合，取得了一系列重大技术创新成果，系统掌握了时速 250 km 和时速 350 km速度等级的涵盖设计施工、装备制造、系统集成、运营管理等高速铁路成套技术，构建了具有自主知识产权和世界先进水平的高速铁路技术体系。目前，中国已经成为世界上高速铁路发展最快、系统技术最全、集成能力最强、运营里程最长、运行速度最高、在建规模最大的国家。

根据中长期铁路网规划，到 2020 年，铁路营业里程将达到 12 万 km 以上。其中，新建高速铁路将达到 1.6 万 km 以上；加上其他新建铁路和既有线提速线路，我国铁路快速客运网将达到 5 万 km 以上，连接所有省会城市和 50 万人口以上城市，覆盖全国 90%以上人口。

为了建设和维护好高速铁路，确保其高效、安全、准时和舒适平稳运行，必须要有一大批掌握高速铁路建设、运用与维护等专业知识的工程技术人员，这些技术人员目前迫切需要一本适合他们要求的、同时具有一定理论深度的相关教材或技术参考书。

湖南高速铁路职业技术学院正是在上述背景下，在广泛收集国内外有关高速铁路的技术资料和调研的基础上，经过消化吸收和系统归纳整理，结合高职学院教学特点以及国内高速铁路运营实际，组织教师和大量现场工程技术人员共同编写了高速铁路系列丛书，主要涵盖铁道工程、铁道运营管理、铁道通信、铁道信号等专业，可供高等职业院校相关专业教学使用，亦可供高速铁路施工、运营、维护等技术人员培训使用。

相信本套教材的出版会为进一步提高教学质量、帮助学生更快适应工作岗位、促进铁路职工更好地提高专业技能打下坚实的基础，为中国高速铁路的发展做出应有的贡献。

丛书编委会

2011 年 4 月

前　言

高速铁路是当代世界铁路的重大技术成就，是采用现代高新技术不断创新的产物，极大地推动了铁路科学技术的发展和装备水平的提高，促进了经济的增长和社会进步。它具有速度高、运能大、安全性好、占地少、舒适度高、环保节能等优势，并能适应现代化社会对旅客运输的要求，成为世界各国铁路的共同发展趋势，有许多不同于以往客货共线铁路的技术标准，需要采用一整套先进、成熟、经济、实用、可靠的技术。自 1991 年广深准高速铁路开工修建，到目前京沪高速铁路开通运营，我国高速铁路建设、运营管理已经经历了 20 余年。我国高速铁路的线路与车站修建的模式主要有改造既有线模式、新建高速客运专线模式、与既有线并行修建客运专线模式；线路的路基、平面、纵断面要求高、多数采用无砟轨道、道岔辙叉号数大；线路采用全封闭、全立交设计；站场设计标准高、站坪长、线间距大、车站作业单一并体现"以人为本、方便旅客"的理念。

为了适应我国高速铁路发展对技术人才的培训和培养需要，编者通过广泛收集资料和学习，针对高速铁路的线路、车站的特点和要求，编撰了《高速铁路车站与线路》一书，对高速铁路线路、车站的设计原则、特点、内容、布置方式以及主要技术标准和参数进行了较为全面阐述，同时根据高职院校特点，侧重对行业标准规范内容的执行应用，以便于从事交通运输工作的广大干部员工和高职院校师生对高速铁路线路与车站有一个比较全面、系统的了解。

本书由湖南高速铁路职业技术学院徐友良主编，铁道第三勘察设计院集团有限公司顾庆涛主审。编写分工如下：陈锦生编写第1章，徐友良编写第2章、第4章、第5章、第6章和第7章，徐志刚编写第3章。

在编写过程中，广州铁路(集团)公司运输处、客运处，武广高速铁路衡阳东站以及湖南高速铁路职业技术学院运输教研室同事们，都给予了大力帮助并提供大量资料，中铁第四勘察设计院集团有限公司方洁对本书提出了修改意见，湖南高速铁路职业技术学院徐志刚参与书稿文字录入和校稿工作，在此表示感谢。

同时，本书还广泛参考了国内外许多文献资料，在此谨向这些文献资料的作者、译者和出版单位表示衷心感谢。

限于编者的水平和时间，书中缺点和错误在所难免，恳请广大读者批评、指正。

编　者

2012年1月

目　录

1 绪 论

交通运输方式的发展史，从根本上说就是不断提高运输速度的创新历程。提高列车速度是铁路赖以生存和适应社会发展的唯一出路，从20世纪初至50年代，德国、法国、日本等国都开展了大量的有关高速列车的理论研究和试验工作。铁路高速技术，至20世纪60年代已进入实用阶段，80年代至90年代又取得了一系列新的突破，1989年法国TGV大西洋铁路以300 km时速正式投入运营。

高速铁路是当今世界集高尖端技术于一身的重大技术成就，它集中反映了一个国家铁路牵引动力、线路结构、高速运行控制、高速运输组织和经营管理等方面的技术进步，也体现了一个国家的科技和工业水平。高速铁路是社会经济发展和运输市场竞争的需要，它促进了地区经济的发展和城市化进程，在经济发达、人口密集地区的经济效益和社会效益尤为突出。高速铁路具有速度高、运能大、安全性好、占地少、舒适度高、环保节能、效率高、效益好等优势。高速铁路是用高新技术改造、更新传统铁路的一项创新工程体系，在世界运输市场激烈的竞争中取得了较好的市场份额，推动了国民经济的发展与国土的开发，并能适应现代化社会对旅客运输的要求。客运高速化已是当今世界各国铁路的共同发展趋势。我国经济发展不平衡，客货混跑的形式严重影响了铁路的运输能力与竞争力。因此，发展高速铁路是我国铁路发展的必然选择。

1.1 我国发展高速铁路的必要性

1. 经济及社会发展的需要

我国是发展中国家，幅员辽阔、人口众多，而人均资源不足，产业配置和经济发展不均衡。改革开放以来，由于市场经济迅速发展，诱发了大量潜在的客流，其数量是惊人的。随着我国经济持续快速增长，城市化进程加快，人际间交流将更加频繁，这些预示着客运需求的潜力很大；尤其是几条运输大通道上客货运输的需求呈持续增长趋势，旅客需要高质量、高速度的旅行服务。研究表明，修建高速铁路是解决上述需求矛盾的最佳选择。

2. 客流特点适宜发展高速铁路

我国未来铁路客流有三大特点：一是量大；二是集中；三是行程长。这样的客流特点适宜发展高速铁路。

3. 客货分线为发展高速铁路创造了条件

我国今后客货运量的增长仍将集中在目前客货运量繁忙的线路上，进一步的扩能只能是修建第二双线，实行客货分线运输。一般既有线将主要承担货运任务；新建第二双线以客运为主。

4. 修建高速铁路有利于促进我国铁路装备水平的提高和科学技术进步

长期以来，我国铁路的路网不发达、技术装备较落后，运能与运量的矛盾比较突出，一些主要干线的能力趋于饱和，铁路负荷水平居世界首位，偏重于增加列车重量和行车密度，忽视了列车速度的提高。直到 1997 年，全国铁路旅客列车才开始普遍提高速度，因此，为了改变铁路落后、被动局面，根本出路就在于依靠科技进步、大力发展高速技术。它是一个涉及多学科、多专业的综合性先进技术，集中反映了新型牵引动力、高性能轻型车辆、高速线路结构、高速度旅客运输组织等方面的技术进步，涉及电子、信息、控制、机械、能源、环保、原材料、土木建筑等的科学技术和工业发展水平。抓住高速化这一主题，不仅将有力地推动我国铁路技术装备现代化的进程，促进运输组织水平和服务质量的提高，彻底改变我国铁路技术落后的局面；还可带动我国多项高科技的进步与发展，缩小与技术先进国家的差距，这我国经济的腾飞和社会进步创造更好的条件。

我国铁路发展快速运输，是从既有线提速开始的。1991 年开始对广深铁路进行技术改造，于 1994 年 12 月建成。该铁路设计速度目标值为客车时速 160～200 km，货车 100～120 km，为双线电气化铁路，客货共线，最小曲线半径为 1 400 m，最大限制坡度为 8‰。修建广深准高速铁路是在我国铁路发展快速运输迈出的第一步，为中国高速铁路建设积累了经验。广深准高速铁路建成投入运营后，经不断配套完善，又从瑞典引进 X2000 摆式列车，客车的实际运行时速已超过 200 km。同时也为研究筹建京沪高速铁路打下了基础。

我国铁路自 1997 年 4 月 1 日以来，到 2006 年 4 月 18 日进行了 6 次大面积提速调图。特别是第六次大提速，这次提速旅客列车时速可达 200～250 km，已达到国际铁路在既有线提速改造的目标值。今后中国铁路将着眼于建设高速客运专线和城际铁路，使其最高时速达到 350 km。

随着京津城际、武广、京沪、郑西、沪宁、长吉、沪杭、福厦等高铁线路的开通运营，我国高速铁路的发展已经步入了一个新的阶段，铁道部规划建设的“四横四纵”高速铁路客运网骨架也逐步清晰起来。

1.2 我国高速铁路线路修建的模式

1. 改造既有线模式

改造既有线模式是对既有铁路进行加强，将小半径曲线加大或拉直，采用新型轨道，使其满足高速运行的需要。由于改造时受到既有线技术条件的限制，因此采用这种修建模式的高速铁路，其旅客列车运行最高时速只能达到160～200 km，受到曲线半径和外轨超高条件的限制，可以使用摆式车体增大列车的运行速度。但是在既有线改造模式的高速铁路，多数还属于客货混跑形式，通过能力的提升很有限。

2. 新建高速客运专线模式

这种模式是在客运繁忙的大城市间修建专门为高速旅客列车运行的高速铁路，除了起、终点外，不与既有线接轨，新建全套客运设施自成系统，全部运行高速旅客列车，时速可达250～350 km。武广客运专线、京津城际铁路就采用这种模式。

3. 与既有线并行修建客运专线模式

这种模式的新建高速线基本与既有线走向一致且尽量并行，以充分利用已有铁路用地和客运设施，这种方式在节省工程费用方面有较大优势。例如目前的广深四线铁路中的1、2高速线就采用这种模式。

1.3 高速铁路车站与线路设计的特点及趋势

高速铁路车站与线路设计和既有线相比较，具有以下特点：

1. 线路全封闭、全立交

高速铁路列车运行速度高，因此要保证线路全程是封闭的，高铁线路与其他路线相交必须采用立交形式。区间线路应采用防护栅栏进行贯通封闭，防护栅栏在维修人员进出口及每隔200 m处左右设警示标志。

2. 线路设计标准高

高速铁路线路设计的标准相比既有线来说在各方面都有很大提高。高铁对线路间距、曲线半径、缓和曲线长度、竖曲线半径、曲线间插入的直线段、线路的坡度、道岔辙叉号数的选用等方面作了更高的要求。例如在设计时速为300 km时，要求线路间距为4.8 m，曲线半径为8 000～10 000 m，缓和曲线长度要达到300 m，且根据设计规范要求，高速铁路必须一次建设双线电气化铁路。

3. 多数采用无砟轨道

目前国内的高速铁路轨道多数采用的是与传统铁路相区别的无砟轨道。无砟轨道的轨枕本身是混凝土浇灌而成，而路基也不用碎石，铁轨、轨枕直接铺在混凝土路上。无砟轨道是当今世界先进的轨道技术，它平顺性好，稳定性好，使用寿命长，耐久性好，维修工作少，避免了飞溅道砟。在已开通运营的武广、郑西、京津、京沪高铁均采用无砟轨道技术，如图1.1所示。

图 1.1　高速铁路车站及无砟轨道

4. 取消区间线路两侧的信号机

高速铁路区间线路两侧不设信号机，一般在闭塞分区处设置标志，仅在正线车站设进出站信号机，进站和正线出站信号机设为高柱，其他到发线采用矮型单列机构，一般不设发车表示器。

5. 车站线路简单化、线间距大

对于新建的高铁车站来说，由于列车单一，运行的都是动车组，中间站和越行站基本不存在调车作业，因此，高速铁路车站一般只设正线和到发线，没有其他线路，线路简单，站内线路间距大。

6. 道岔辙叉号数大、站坪长

《高速铁路设计规范(试行)》(TB 10621—2009)规定，高速铁路车站到发线设计有效长只有 650 m，但是由于高速铁路正线上的道岔一般要求是辙叉号为 18 号以上的可动心轨高速道岔，区间渡线采用 41 号可动心轨道岔，因此高速铁路车站咽喉区长度就很长，使得车站的整个站坪长度就很长。中间站站坪长度一般不少于 2 000 m。

7. 站间间距大

高速铁路动车组运行速度高，因此要求尽量减少高铁车站数量，车站站间距离一般在 20～60 km，有的甚至更长，例如武广高铁中株洲西站与衡山西站间距约为 84 km，耒阳西站与郴州西站间距约为 97 km。这样利于列车高速运行，减少列车停站次数，缩短旅客总得旅行时间，增强高铁的竞争力。

在高速铁路上，列车运行速度很高，要求线路的建筑标准也高，包括最小曲线半径、缓和曲线、外轨超高等线路平面标准，坡度值和竖曲线等线路纵断面标准，以及高速行车对线路构造、道岔等的特定要求等。

高速铁路车站布置应以方便旅客乘降、提高客运服务质量、提高运输效率为既有线分流客运为基本原则。高速铁路车站作业单一，只办理客运业务；因不停车的高速列车以与区间相同的速度通过车站，停站的列车也以 80 km/h 及以上的速度进入车站咽喉区，车站设计必须突出“安全第一”的设计思想，要体现“以人为本、方便旅客”的宗旨，提倡旅客流程立体化、进出站自由化和多样化；高速车站的客运和行车组织、客运设施要适应高效率快速作业要求。

目前我国高速铁路处在发展起步阶段，高速铁路的车站与线路设计标准主要是学习国外建设经验并结合中国实际情况而制定的，其合理性和实用性还有待时间的检验。

高速铁路线路站场设计与建设呈现以下几个发展趋势：

1. 线路中桥隧所占比重越来越大

随着高速铁路设计的速度越来越快，由于离心力及超重和失重的作用，高速行驶的列车对线路曲线半径和竖曲线的要求也越来越高，这对于非平原地区来说线路的设计只能依靠提高线路中桥梁和隧道的比例来实现。此外，为了有效保护铁路沿线宝贵的耕地资源以及减少高速度铁路产生的噪声对居民的影响，在未来的高速铁路线路设计中也会尽量采用以桥代路的方式。

2. 线路无轨道电路

随着中国列车运行控制系统的不断发展，在未来设计的高速铁路列控系统将会采用 CTCS-4 级列车运行控制系统。CTCS-4 级列车运行控制系统将改变基于应答器和基于轨道电路传输的特点，而是完全基于无线通信传输平台，线路中将取消轨道电路，实现虚拟闭塞或移动闭塞。

3. 车站服务智能化

目前我国新建的高速铁路车站已经向服务智能化发展，比如自动售票系统、自动检票验票系统等智能服务系统的投入使用，已经实现车站部分服务功能的智能化。随着科技的进步，独立的智能化系统并不是发展方向，未来的高速铁路车站必定会使票务系统、旅客服务系统、市场营销系统、安全防灾系统等各个独立的智能系统通过互联形成车站综合的智能化服务系统，在旅客出行前、进站、候车、乘车、换乘、出站等各环节提供全方位的智能服务。

4. 车站设计节能化

随着全球气候的变暖，未来高速铁路车站设计会朝着节能的方向发展。像武汉站、广州南站已经建成超大面积玻璃穹顶，在高架层进行透光处理，充分利用自然光照明，并采用光伏一体化照明及太阳能利用技术、空调节能控制与建筑热环境调控技术，这些节能的设计必定会是未来高速铁路车站设计的主导方向。

5. 高速铁路向真空管道发展

高速列车随着速度的增加，空气阻力也越来越大，因此，常规的高速铁路在速度的提高上受到很大的限制。目前，美国、瑞士、中国等国家都在积极研制一种真空管道高速交通。所谓的真空管道高速交通，就是建造一条与外部空气隔绝的管道，将管内抽为真空后，在其中运行磁悬浮列车，由于没有空气摩擦的阻碍，列车将运行至令人瞠目结舌的高速，而且管道是密封的，可以在海底及气候恶劣地区运行而不受任何影响。

复习思考题

1. 简述我国高速铁路线路修建的三种模式。
2. 简述高速铁路车站与线路设计的特点。
3. 简述未来高速铁路在站场设计和建设中的发展趋势。

2 高速铁路选线与主要技术标准

2.1 高速铁路选线的基本原则

2.1.1 效益原则

效益包括企业财务效益和国民经济效益，是除国防和政治等特殊项目外的所有交通基础设施建设的依据。高速铁路投资较大，线路走向、车站布点，要有利于广泛吸引客流，以增加客票收入，保证企业有良好的财务评价，有偿还投资能力。同时还应考虑能尽量向社会提供快捷、方便的交通条件，以利于促进、激发沿线社会经济的进一步发展，减少依赖于能耗高和污染严重的旅客出行方式，提高社会经济效益。

投资与效益是失和得的关系。线路走向方案和车站布点要谋求失小而利大，应进行经济分析。高速铁路线路在效益原则下，应追求顺直、短捷。高速车站的数量和站间距离，应按高速铁路特点控制，客运量较少的城镇，不宜设站。

成绵乐城际客运专线铁路在可行性研究中，为了减少工程投资，选线的主导思想是线路尽量顺直、缩短，少建中间站。但随着设计阶段的深入，人们的认识趋向于合理和全面考虑问题。例如，在彭山至乐山段的选线中，有沿既有线通道的夹江、峨眉、乐山方案和线路顺直但人烟稀少的青神、乐山方案比较，经调查夹江一线经济发展很快，预测设计年度内全日客流周转量有 4 400 万人，而青神一线为 4 153 万人；夹江方案投资比青神方案多 2.8 亿，但利润总额也多 7.5 亿。按效益原则，选择了夹江方案；但随着成昆铁路复线成都至峨眉段改造，将在乐山境内设夹江站和峨眉站，其设计时速与城际铁路相差不大，同时结合成贵铁路引入，夹江市民出行以后可以走成昆线到成都，最后在整体效益原则下，应追求顺直、短捷。确定该段线路采取取直方案，由原计划经眉山—夹江—峨眉—乐山调整为经眉山、青神取直到乐山、峨眉，缩短线路 7 km 和节约了投资。

2.1.2 兼容原则

高速铁路不是孤立的线路，它也应是融汇于整个铁路网中的线路，与路网有着密切的关系。从“十一五”快速客运网建设规划可看出，高速铁路（客运专线）与既有提

速线路通常交织一体。高速和中速的跨线旅客列车，为满足各地区提速需求，都要驶离高速线进入路网干线，或从路网干线驶入高速线。高速线和其他铁路干线应具有共同的兼容性。

因此，接近铁路枢纽的高速线走向宜靠近既有线。特别是高速线与既有线上重要的客运站和必要的接轨客运站应尽量靠近，紧靠既有站修建高速站，以便于修建高速线与既有站间的联络线，沟通高速、中速客车在既有线与高速线间的通路，并便于旅客换乘。但在某些情况下，经综合比选，高速线不能靠近既有站，只能在距既有站较远处设高速站，则将延长高速线与既有站间的联络线。如京沪高速铁路徐州高速站距既有车站6.27 km，联络线长度达 20 km，武广客运专线广州北站高速站与既有站修建在原站场内。

区间高速线路则应尽量取直、短捷，可以远离既有线，也可以靠近既有线。

2.1.3 速度原则

为了达到高速铁路的速度效果，对其平均速度与最高速度的比值，应予合理控制。参照国外经验，新建的高速铁路或客运专线，其平均速度与最高速度的比值，应达到 0.9 以上，困难地段在 0.85 以上为宜。如果只有少数区间达到最高速度，而大多数区间低于最高速度，那么确定的最高速度将失去意义。主要技术标准依据最高速度而定。如果多数区间达不到所确定的最高速度，将造成标准的不合理和工程投资的浪费。因此，最高速度的确定必须综合研究地形条件和工程情况。

对于改建既有线为客运专线和既有线提速项目，不同于新建高速线路，平均速度和最高速度的比值，主要取决于改建工程的大小和合理的最高速度。

2.1.4 安全原则

安全是高速铁路运行的首要保证。选线和工程措施都必须考虑保证行车的安全，不能遗留造成威胁安全的隐患。因此线路应尽量绕避塌陷、滑坡、活动断裂带和软弱地基等不良地质地带，避免浸水路堤和洪水冲刷路堤。个别工点不能绕避时，要采取保证安全的工程措施。

2.1.5 舒适原则

由于列车高速运行，将产生列车的颠簸和振动，使旅客感到不适，各国对高速铁路的舒适性都十分重视，在各专业设计参数中，规定了有关舒适度要求的参数。为保证高速铁路的舒适性要求，除了线路及有关专业设计应满足各项舒适度要求和车辆制造应具有良好的减振、密闭性能外，更为重要的是高速线路的整体刚度。线路的整体刚度直接影响列车纵、横向振动和滚动摇摆。整体刚度主要体现在桥梁等结构物与路堤、路堤与路堑的协调，应避免频繁交替设置，减少不同刚度的变化。不同刚度之间应设置过渡段，避免突变。要提高路基的刚度和稳定性，控制路基沉降、变形和不均匀沉降，保持良好线型。造就轮轨间的良好结合，以使高速列车平稳运行、接近理论轨迹。

2.2 铁路线路的分类分级

2.2.1 铁路分类和等级划分

铁路的分类和等级，应根据其在铁路网中的作用、性质、设计速度和远期客货运量确定：

1. 客货共线铁路

客货共线铁路分为四个等级：

Ⅰ级铁路指在铁路网中起骨干作用的铁路，或近期年客货运量大于或等于20 Mt者。

Ⅱ级铁路指在铁路网中起联络、辅助作用的铁路，或近期年客货运量小于20 Mt且大于或等于10 Mt者。

Ⅲ级铁路指为某一地区或企业服务的铁路，近期年客货运量小于10 Mt且大于或等于5 Mt者。

Ⅳ级铁路指为某一地区或企业服务的铁路，近期年客货运量小于5 Mt者。

年客货运量为重车方向的货运量与由客车对数折算的货运量之和。1对/d旅客列车按1.0 Mt货运量折算。

2. 客运专线

铁路网中专门（或主要）用于旅客运输、列车在主要区间能以200 km/h及以上速度运行的标准轨距铁路，称为客运专线铁路。

根据其在铁路网中的作用、性质、旅客列车设计行车速度可分为高速铁路和快速铁路两级。

3. 货运专线

铁路网中专门（或主要）用于运输货物，轴重25 t以上、列车牵引质量1万t及以上、年输送能力1亿t及以上的标准轨距铁路，称之为货运专线铁路。

2.2.2 铁路线路分类

铁路线路分为正线、站线、段管线、岔线及特殊用途线。

1. 正线是指连接车站贯穿或直股伸入车站的线路。
2. 站线是指到发线、调车线、牵出线、货物线及站内指定用途的其他线路。
3. 段管线是指机务、车辆、工务、供电等段专用并由其管理的线路。
4. 岔线是指在区间或站内接轨，通向路内外单位的专用线路。
5. 特别用途线是指安全线和避难线。

2.3 主要技术标准的选择

2.3.1 高速铁路主要技术标准的组成

以往常规铁路的技术标准一般由以下内容组成：正线数目及正线线间距（双线）、牵引种类、机车类型、限制坡度、牵引质量、最小平面曲线半径、机车交路、到发线有效长度、闭塞类型。随着铁路的提速改造和高速铁路的修建，旅客列车设计行车速度、运行指挥方式以及发车间隔越来越决定着线路的技术标准和等级。

高速铁路主要技术标准应根据其在铁路网中的作用、沿线地形、地质条件、输送能力和运输要求等，在设计中按系统优化的原则经综合比选确定。

高速铁路的主要技术标准组成包括：

(1) 设计速度；

(2) 正线线间距；

(3) 最小平面曲线半径；

(4) 最大坡度；

(5) 到发线有效长度；

(6) 动车组类型；

(7) 列车运行控制方式；

(8) 行车指挥方式；

(9) 最小行车间隔。

设计速度应根据项目在铁路快速客运网中的作用、运输需求、工程条件，进行综合技术经济比较确定，应符合旅行时间目标值的要求。

高速铁路应按一次建成双线电气化铁路设计，正线应按双方向行车设计。

正线线间距、最小曲线半径、最大坡度应根据设计行车速度、运输组织模式、安全和舒适度要求等因素确定。

到发线有效长度应采用 650 m。

动车组类型应与旅客列车行车速度相适应。

高速铁路列车运行控制方式应采用基于轨道电路传输的 CTCS-2 级列控系统或

基于GSM-R无线通信传输的CTCS-3级列控系统。当采用CTCS-3级列控系统时，CTCS-2级列控系统作为后备模式。

时速250 km高速铁路列车运行控制方式采用CTCS-2级列控系统，时速300 km及以上采用CTCS-3级列控系统。

行车指挥方式应采用调度集中控制系统。

最小行车间隔按照运输需求研究确定，宜采用3～4 min。

设计速度、线间距、线路平面和线路纵断面等标准应系统设计、协调匹配。

2.3.2 速度目标值

速度目标值系指某条高速铁路在多数区段能运行的最高速度。高速铁路的速度目标值一般分200、250、300、350 km/h。日本高速铁路建设初期的速度目标值为210、240、260 km/h，但此后提高到了270、300 km/h。德国和法国设计最高速度为250、280、300、350 km/h。速度目标值的确定，主要考虑以下几项内容：

1. 所处地理位置的重要程度

首都和其他特大城市、重要的政治经济中心城市之间，客流量大、地理位置特别重要，客运专线宜选择较高的速度目标值。

2. 速度与工程造价的关系

一般而言，速度高、标准高，工程造价随之提高，但其相差程度主要随地形条件而异。在平原地区，路基、高架桥和其他桥梁的设置数量、车站数量、动车段所分布等与速度几乎没有直接关系。最小曲线半径根据速度目标值而定，与工程造价有一定关系，但平面设计一般都选用较大的曲线半径，最小曲线半径和少数小半径都是被限制使用的，小于最小半径的曲线，都是受客观条件所限而使用，并非受速度目标值的影响。如南京高速站外的曲线，不论速度目标值大小，都只能用1 000 m的半径；又如宁沪段全线350 km/h速度与300 km/h速度区间定线只有4处不同。因此不同速度目标值所确定的不同最小曲线半径，对工程造价的影响也是有限的。

速度目标值与工程造价相关的直接因素主要是有关的技术标准。由于正线间距不同而引起路基宽度、桥梁宽度的变化，因正线间距和空气动力学而影响隧道断面积，以及道床和基床厚度的变化等是影响工程造价的主要直接因素。路堤工后沉降要求虽然不同速度略有差别，但对工程造价影响甚微。其他标准如钢轨、轨枕类型数量及扣件、桥梁荷载、基床表层及路堤压实标准、路桥过渡段道砟类型等，速度不小于200 km/h的线路均相同。

不同速度目标值工程造价的差别，见表 2.1。表中数据除正线间距外，均是以 200 km/h 为基数造价的差别系数。

表 2.1　不同速度目标值工程造价差别

速度目标值 / 影响因素	200 km/h	250 km/h	300 km/h
正线间距（m）	4.4	4.6	5.0
路基宽度	1.0	1.03	1.08
道床、基床厚度	1.0	1.02	1.06
桥梁宽度	1.0	1.10	1.30
隧道断面积	1.0	1.0	1.25
最小曲线半径	1.0	1.02	1.04
其他（防震、降噪、用地等）	1.0	1.02	1.04
折算每公里价差	1.0	1.12	1.21

速度目标值越高，差价越小。如 350 km/h 与 300 km/h，各项标准相同，仅最小曲线半径及其他因素的影响，而最小曲线半径标准相差不大，因此造价差别很小。宁沪段 350 km/h 与 300 km/h 造价仅相差 1.6%～2.0%，这还与平面定线的优化程度有关。

山区地形的工程造价差别必然大于平原地区，需逐条线路比较。

3. 速度与能耗关系

列车运行时的空气阻力随速度的提高而增大。空气阻力的增加与速度成平方关系，空气阻力在高速运行时成为列车总阻力的最主要部分。从以下三种高速列车总基本阻力计算式中，可知当速度达到 280 km/h 以上时，空气基本阻力为总基本阻力的 80%以上。

德国 ICE　　$W=1.16+0.005\,34v+0.000\,133\,5v^2$　　(2.1)

法国 TGV　　$W=0.62+0.008\,2v+0.000\,14v^2$　　(2.2)

日本新干线（300 系）　$W=1.289+0.004\,9v+0.000\,15v^2$　　(2.3)

式中　W——基本总阻力，N/kN；

　　v——速度，km/h。

速度与阻力的关系，见表 2.2。

表 2.2 速度与阻力的关系

车　型	速度(km/h)	总基本阻力(N/kN)	空气基本阻力(N/kN)	空气基本阻力占总基本阻力(%)
TGV	350	20.64	17.15	83
TGV	300	15.68	12.60	80
ICE	280	13.13	10.47	80
新干线 300 系	250	11.89	10.60	79

列车运行阻力需靠能量克服，从图 2.1 可见，能耗的增加与阻力的增加接近于正比关系。

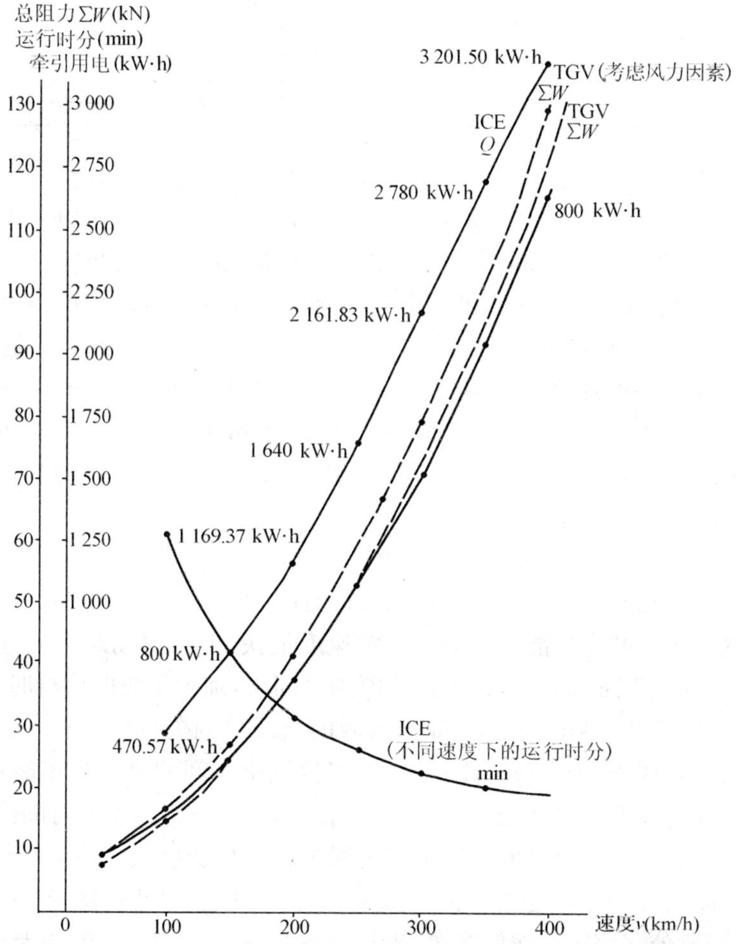

图 2.1 ICE、TGV 电动车组速度变化的运行阻力、牵引用电量、运行时分曲线

德国铁路曾进行过在站间距离为 100 km，高速列车质量为 339 t，速度、能耗与运行时间之间关系的分析研究。其关系见表 2.3。

表 2.3 中运行时间包括起停、加减速所影响的时间。

表 2.3　列车以不同速度运行 100 km 所需用电量、运行时间

速度(km/h)	用电量(kW·h)	速度提高 1 km/h 平均需增加用电量(kW·h)	运行时间(min)	运行时间减少 1 min 平均增加用电量(kW·h)
200	1 169.4		31.3	
		9.4		88.8
250	1 640.0		26.0	
		10.5		149.1
300	2 161.8		22.5	
		12.8		247.3
350	2 780.0		20.0	
		8.4		324.2
400	3 201.5		18.7	

从表 2.3 中可见，当速度达 350 km/h，每减少 1 min 所增加的平均耗电量急剧增加，比 300 km/h 增加 247.3 kW·h，400 km/h 比 350 km/h 增加 324.2 kW·h，而运行时间仅分别减少 2.5 min 和 1.3 min，经计算，350 与 300 km/h 需走行等距离 40 km 才能相差 1 min 的运行时间。减少运行时间很少而增加能耗很大，相应的运输成本和旅客票价需有较大提高，不利于吸引客流在票价上与其他交通系统竞争。因此，轮轨高速铁路的速度目标值最大以 300 km/h 较为经济合理，由于 350 km/h 和 300 km/h 基础设施标准相同，工程造价相差少，故对长大高速铁路地形适合地段，基础设施按 350 km/h 设计是合适的。德国铁路(DB)根据分析结果认为 280～300 km/h 是最佳运营速度。

4. 速度与其他交通工具竞争力的影响

交通工具之间的竞争，主要集中在总旅行时间和旅行费用的竞争，高速铁路都具有与飞机、汽车强大的竞争能力。飞机虽然速度最快，但因机场距市区远，需要提前到达机场办理登机手续和候机，乘飞机的附加时间长，加大了总的旅行时间。如日本东海道新干线提速 270 km/h 后，东京至大阪的航线只剩极少数航班，几乎全被高速列车取代。德国目前由于高速铁路较少，大多数城市之间的高速列车旅行时间比飞机多，只有沿高速线的汉诺威至法兰克福的高速列车与飞机的旅行时间接近，飞机为 2 h，高速列车为 2 h23 min。但是由于高速列车的旅行费用大多只有飞机的 40%～50%，且城际间高速列车的运行时间大多数只有 3～6 h，因此仍然吸引了 36%的飞机客运量。高速公路旅客运输的客车，平均速度仅 85～100 km/h. 离开高速公路进入市区的速度急剧下降，也有较大的附加时间。在速度和舒适、安全方面高速铁路具有绝对优势，德国 ICE 开行范围吸引了 64%的高速公路转移客运量。

以成渝城际客运专线为例，当最高速度为 300 km/h，平均速度为最高速度的 85%，考虑成渝直达列车中途停站 2 个，各按 3 min 停站时间，全程 350 km 的旅行时间为 1.5 h；高速公路起终点至市区旅行时间各按 30 min 计，客运专线、高速公路和飞机的旅行时间见表 2.4。

表 2.4　成渝间各类交通旅行时间

客运专线			高速公路		飞机旅行时间(h)
最高速度(km/h)	平均速度(km/h)	旅行时间(h)	平均速度(km/h)	旅行时间(h)	
300	270	1.5	100	3.5	2.0
250	225	1.7	90	3.9	
200	180	2.0	80	4.4	

对于长距离的高速铁路应选用较高的速度目标值，较短距离的高速铁路可选用较低的速度目标值，票价与速度相关联，满足各层次旅客出行的要求，体现高速铁路时间优势及与其他交通工具相比的竞争力。

5. 速度对环境的影响

列车车体与空气高速相对运动所产生的摩擦声，是高速列车的主要噪声源。当速度 350 km/h 时，即使大量增加降噪措施投资，仍很难达到规定的标准，将迫使沿线居民点、学校、医院、单位等的搬迁。因此地面交通设施过高的速度难以适应环境要求，如原计划建设的德国汉堡至柏林的磁悬浮高速列车线路，设计最高速度为 450 km/h。由于沿线居民和政府认为对环境影响太大，而将汉堡—柏林全长 292 km 磁悬浮高速列车的运行时间设计为 60 min，平均速度降至 292 km/h，不能体现最高速度 450 km/h 的实际意义和作用。ICE 、TGV、东海道新干线不同速度的列车噪声见表 2.5。

表 2.5　不同速度的列车噪声

速度(km/h)	200	250	300	350
ICE(dB)	84～86	81～91	93～95	
TGV(dB)	86～88	90～92	94～96	98～100
东海道新干线(dB)	85～90			

注：表中数值为线路外 25 m 的噪声。

综上所述，高速铁路设计速度目标值的选择，要视线路所在地理位置的重要性，政治、经济和社会发展的需要，结合地形条件、工程造价、运营效益和环境条件等因素综合比选。

2.3.3 正线数目

高速铁路客运量大，行车密度高，一般均应为双线铁路。

2.3.4 正线间距

正线线间距是指两相邻线路中心线之间的最短距离。

1. 国外概况

国外高速铁路的线间距 D、交会列车相邻侧壁净间距 Y 和运行速度 v_{max} 之间的关系见表 2.6。

表 2.6 国外高速铁路 D、Y 值与 v_{max} 的关系

国 别	日 本					法国	德 国		
列车别	100 系	200 系	300 系	WIN350	STAR21	TGV	ICE		
v_{max}(km/h)	210	255	270	350	350	300	270	300	350
B(m)	3.38	3.38	3.38	3.38	3.10	3.02	2.805	2.905	2.905
D(m)	4.3	4.3	4.2	4.3	4.3	4.5	4.2	4.5	4.8
Y(m)	0.92	0.92	0.82	0.92	1.20	1.48	1.395	1.595	1.90
$D(B=3.1)$(m)	4.02	4.02	3.92	4.02	4.3	4.58	4.5	4.7	5.0

注：B 为车体宽度(m)。

从表 2.6 可知，确定线间距标准是一个灵活性相当大的问题。日本高速铁路的线间距最窄，它的会车压力波最大，对机车车辆的设计和制造提出了很高的要求，但可以节省土建工程投资，这对国土窄小的日本是十分重要的。而德、法两国的线间距比较宽，虽然对机车车辆的气密性、门窗等设计要求相对降低，但土建投资较高。因此，应结合国情、路情提出一个比较合理的建议值。

2. 列车侧面会车压力波的几项主要特征

现场试验研究和数值模拟计算研究表明，列车交会时产生的会车压力波有以下几项主要特征：

(1)交会列车上的会车压力波值基本上与邻线迎面驶来列车(以下简称通过列车)的运行速度平方成正比。

(2)外形相似的列车交会时，速度较低列车上受到的会车压力波比速度较高列车上受到的会车压力波大，而速度相当的列车彼此交会时其会车压力波大致相当。

(3)会车压力波值与交会列车相邻侧壁间的净距 Y 成反比[$Y=D-(B_1+B_2)/2$,

式中 D 为线间距，B_1 为被交会列车宽度，B_2 为通过列车车头宽度]。

(4)会车压力波值与列车外形(列车头部的流线程度、列车车宽、列车长度和车体流线程度)密切相关，其中列车头部的流线程度影响最为显著。

(5)会车压力波与测点高度有关，高度越低压力波越大。双层列车下层车窗处的会车压力波大于中、上层车窗处的压力波，也大于单层列车车窗处的会车压力波。

(6)同一节车厢同一高度处会车压力波平均值与最大值之间存在一定的差别，表明会车压力波具有非定常性。

3. 我国现行车辆门窗承受会车压力波的能力

我国客运专线铁路上不仅有高速列车，而且还有一定数量的跨线列车，这些跨线列车的门窗性能较差，短期内进行大幅度改造难度较大。因此，研究线间距标准时，必须考虑这些车窗承受压力波的能力，以及短期内可以接受改造的幅度。另一方面，又要考虑与土建工程投资增加幅度相适应。

根据原石家庄分局车辆部门的统计资料，在 120 km/h 左右时速条件下，没有列车交会引起车窗玻璃破碎的现象；沪宁线 140 km/h 提速列车交会时也没有压碎玻璃的现象；据广深线客技段的统计资料，广深准高速线开通运营以来，据不完全统计，车窗玻璃破碎 314 块，其中 1997 年准高速客车车窗玻璃破碎 58 块，普速列车玻璃破碎 34 块(普速列车上道对数少、行程短)，虽然不能认为这些玻璃全为会车压碎，但可以认为多数是由会车引起的。

依据 1998 年 6 月郑武段提速会车试验拟合曲线，可以推算出普速列车在明、直线上运行时，车窗高度处会车压力波如下：

120 km/h 交会，会车压力波平均值约为 0.7 kPa。

140 km/h 交会，会车压力波平均值约为 0.9 kPa。

160 km/h 交会，会车压力波平均值约为 1.2 kPa。

结合 1996 年广深线 DF_{11} 牵引列车的会车试验结果，可以认为，目前国产列车车窗玻璃可以承受的压力波平均值为 0.9 kPa。

4. 会车压力波允许值

由于目前国产列车车窗玻璃可以承受的压力波平均值为 0.9 kPa，会车压力波允许值取 0.9 kPa，普速列车上道运行基本不会存在安全问题。如会车压力波允许值取 1.2 kPa，其值与既有线提速到 160 km/h 时的交会压力波基本相同，其值比前国产列车车窗玻璃可以承受的压力波平均值高约 30%，需适当改善 SS_8 型电力机车的流线程度，并需提高车辆门、窗的强度，以确保行车安全。

5. 线间距标准建议值

正线间距是指相邻两(区间正线实际即上、下行线)线路中心线之间的最短距离。

客运专线铁路线间距标准主要受列车交会运行时的气动力作用控制。根据交会列车的会车压力波决定线间距，一方面要分析研究区间各种客运列车交会运行时作用在列车上的会车压力波最大值 ΔP_{max} 及其时变率 $\Delta P_{max}/\Delta t$ 与交会列车相邻侧壁净间距 Y（或线间距 D）的规律，另一方面就是要确定列车承受会车压力波的允许值 ΔP_{max}。

两正线位于直线和同一水平面，正线间不设置立柱、信号机等结构物时，其轨距中心线之间的正线间距，取决于车辆宽度、会车时的空气动力要求。

$$D=Y+\frac{B_1+B_2}{2} \tag{2.4}$$

式中 D——正线间距，m；

Y——会车压力波允许值要求的距离，m；

B_1、B_2——两列交会车的宽度，m。

线间距应满足下列要求：

(1)区间及站内正线间距不应小于表 2.7 所列标准，曲线地段可不加宽。

表 2.7 区间及站内正线间距

设计最高速度(km/h)	250	300	350
最小线间距(m)	4.6	4.8	5.0

(2)正线与联络线、动车组走行线并行地段的线间距，应根据相邻一侧线路的行车速度及技术要求和相邻线的路基高程关系，考虑站后设备、路基排水设备、声屏障、桥涵等建(构)筑物以及保障技术作业人员安全的作业通道等有关技术条件综合研究确定，最小不应小于 5.0 m。

(3)正线与既有铁路或客货共线铁路并行地段线间距不应小于 5.3 m。当两线不等高或线间设置其他设备时，最小线间距应根据相关技术要求计算确定。

6. 隧道内会车压力波特性

隧道内会车压力波大致有以下几项特性：

(1)在列车、线间距诸条件相同时，隧道内会车压力波值远大于明线的会车压力波。

(2)在一次会车中，会车压力波出现次数较多，一般与隧道长度、列车速度、列车长度等诸多因素有关。

由上可见，如近期修建的时速 200 km 以上的客运专线铁路的隧道较多，研制能满足隧道内会车要求的普速列车是一个不可回避的问题。

2.3.5 最小曲线半径

1. 影响最小曲线半径的因素

最小圆曲线半径与高速铁路的运行最高速度和运输模式相关，要满足旅客舒适度、行车安全及经济合理等条件。

在纯高速列车运行的线路上，最小圆曲线半径取决于最高速度 v_{max}、实设超高 h 与欠超高 h_q 之和($h+h_q$)的允许值等因素。

在高、中速旅客列车共线运行的线路上，最小圆曲线半径主要取决于高速列车最高运行速度 v_{max}、中速列车运行速度 v_z、欠超高 h_q、过超高 h_g 之和(h_q+h_g)的允许值等因素。

确定最小圆曲线半径，主要考虑安全性、舒适性和经济性。

2. 设计超高、欠超高、过超高、欠超高与过超高之和的允许值

(1)设计超高

设计超高 h 与运输组织模式和列车速度相关，受列车横向倾覆安全条件、轨道横向稳定条件和曲线上停车舒适条件等因素控制。我国高速铁路设计，最大设计超高为 180 mm。

(2)欠超高、过超高允许值

欠超高 h_q 和过超高 h_g 的允许值，主要取决于舒适度要求，并考虑线路少维修和易于维修。根据我国普通铁路的经验，参考国外高速铁路资料，《京沪高速铁路设计暂行规定》(以下简称《京沪暂规》)推荐的允许值，欠超高和过超高允许值相同，见表 2.8。

表 2.8 欠超高、过超高允许值

舒适度	良　好	一　般		困　难	
v_{max}(km/h)	250、300、350	200	250、300、350	200	250、300、350
h_q、h_g(mm)	40	60	80	80	110

关于速度 100 km/h 牵引质量 1 000 t 左右的轻快货物列车的过超高允许值，广深准高速线路的过超高在 70 mm 左右，货物列车牵引质量约 2 800 t，多年运营表明，未对钢轨产生明显磨耗，货车运行安全正常。因此对 200 km/h 线路，轻快货车的过超高允许值考虑为 75 mm～90 mm。

(3)欠超高与过超高之和的允许值

欠超高与过超高之和(h_q+h_g)的允许值，主要考虑高、中速列车的舒适性，减少因不同速度引起的钢轨不均匀磨耗，保持线路稳定等因素。其允许值，在速度匹配为 200/120、250/140、300/160 km/h 时均采用表 2.9 所列值。

表 2.9 欠超高与过超高之和的允许值(mm)

	一　般	困　难
h_q+h_g	110	140

(4)设计超高与欠超高之和的允许值

设计超高与欠超高之和($h+h_q$)的允许值见表 2.10。

表 2.10　超高与欠超高之和的允许值

设计超高与欠超高之和的允许值	一　般		困　难
v_{max}(km/h)	200	250、300、350	200、250、300
$h+h_q$(mm)	240	220	260

3. 最小圆曲线半径计算

纯高速列车运行的高速线最小圆曲线半径计算式：

$$R_{min}=11.8\frac{v_{max}^{2}}{h+h_q} \tag{2.5}$$

根据上式计算的纯高速线最小曲线半径见表 2.11。

表 2.11　纯高速线最小圆曲线半径

最高速度 v_{max}(km/h)	一般(m)		困难(m)	
	计算值	采用值	计算值	采用值
200	2 145	2 200	1 815	2 000
250	3 352	3 500	2 837	3 000
300	4 827	5 000	4 084	4 200
350	6 570	6 600	5 560	5 600

高速列车与中速列车(或轻快货物列车)共线运行的高速线，最小圆曲线半径计算式：

$$K=\frac{v_z}{v_{max}} \tag{2.6}$$

式中　K——速差比系数；

v_z——中速(或快货)列车速度，km/h。

速差比系数 K 的合理取值应不大于 K_B 值，不小于 0.5。即 $0.5\leqslant K\leqslant K_B$，$K_B$ 为实设超高与过超高的关系式：

$$K_B=\sqrt{\frac{h-h_g}{h+h_g}} \tag{2.7}$$

高、中速列车共线运行线路的最小圆曲线半径计算式：

$$R_{min}=11.8\frac{v_{max}^2-v_z^2}{h_q+h_g} \tag{2.8}$$

上式，当 v_{max}和(h_q+h_g)为定值时，影响 R_{min}值的因素为 v_z^2，R_{min}与速差比系数 K 成指数(平方)关系。即减少速差，可以明显降低 R_{min}值，有利于适应困难地形，减少工程。反之，如速差加大，即 K 值减小，R_{min}值将加大。因此 K 值的取值应大于 0.5，

亦即 v_z 应大于$\frac{v_{max}}{2}$。

如 K 大于 K_B，表明速差很小。因此，高、中速列车在共线运行时，应有合理的速度匹配，其最低的匹配为：

$$\frac{v_{max}}{v_z}=\frac{200}{120},\frac{250}{140},\frac{300}{160}$$

高、中速列车共线运行线路的最小圆曲线半径见表 2.12。

表 2.12　高、中适共线线路最小圆曲线半径

速度匹配(km/h)	一般(m)		困难(m)	
	计算值	采用值	计算值	采用值
200/120	2 746	2 800	2 156	2 200
250/140	4 602	4 600	3 616	3 700
300/160	6 908	7 000	5 428	5 500

4. 速度、半径、超高、欠超高、过超高组合分析

由表 2.13 可见，纯高速列车运行时，R=6 000 m、R=7 000 m 对时速 350 km 和 300 km，均能有较好或很好的舒适度；R=4 000 m 对时速 350 km，欠超高达181 mm 舒适度差，对时速 300 km 舒适度为一般。理想的曲线半径时速为 350 km 时，设超高 150 mm，欠超高 0，R=9 636 m；设超高 180 mm，欠超高 0，R=8 030 m。因此对 350 km/h 纯高速列车运行的线路，其理想半径为 8 000～10 000 m。

表 2.13　组合分析表(mm)

v_{max}/v_z (km/h)	R—4 000 m				R—6 000 m				R—7 000 m			
	h_v	$h_实$	h_q	h_g	h_v	$h_实$	h_q	h_g	h_v	$h_实$	h_q	h_g
350	361	180	181		241	180	61		207	180	27	
300	266	180	86		177	180		3	151	180		27
300/160	266/76	180/150	86/116	104/74	177/50	140	37	90	151/43	120	31	77
250/140	184/58	150	34	92	123/39				150/33			

注：h_v 为计算超高值。

不同速度共行运行时，R=6 000 m 和 R=7 000 m 对不同速度的列车均具有较好和一般的舒适度；R=4 000 m，对 250 km/h 与 140 km/h 匹配能很好地适应，高、中速列车的舒适度均较好，对 300 km/h 与 160 km/h 匹配时，高速车的欠、过超高分别为 86 mm 和 104 mm，中速车的欠、过超高分别为 116 和 74 mm，故这种匹配，降低了旅客舒适度。

2.3.6 正线最大坡度

线路的最大坡度，在一定自然条件下对线路的走向、长度、工程投资、运营费用、牵引重量及输送能力，都有较大的影响。客货混运的铁路，线路最大坡度是由货物列车运行要求确定的。客运专线高速列车采用大功率、轻型动车组，牵引和制动性能优良，能适应大坡度运行。但各国高速铁路由于采用的运输组织模式和地形条件各不相同，采用的最大坡度也大不一样。采用全高速模式的法国和日本高速铁路，其最大坡度分别为25‰～35‰和15‰～20‰；采用客货混运模式的德国和意大利高速铁路，其最大坡度分别为12.5‰和8.5‰。

我国高速铁路一般采用高中速混运模式。由于高速动车组的动力比较大，一般在较大的坡度上均可以达到最高允许速度，而且可以根据速度目标的差异选择相应的功率配置。所以最大坡度主要受跨线旅客列车牵引特性和列车编组条件控制。

SS_9 型电力机车是我国目前干线铁路牵引旅客列车功率最大的机车，持续功率4 800 kW、最大功率5 400 kW，牵引工况恒功速度范围为99～160 km/h，最高速度为170 km/h。SS_9 机车在各种设计坡度上牵引旅客列车的均衡速度见表2.14、表2.15。

表2.14 SS_9 单机牵引旅客列车均衡速度表(单位:km/h)

最大坡度(‰)	列车编组辆数(辆)				
	10	12	14	16	18
12	130	115	105	95	91
14	118	105	95	90	81
16	109	97	91	81	65
18	101	92	83	66	47
20	95	87	69	49	28

表2.15 SS_9 双机牵引旅客列车均衡速度表(单位:km/h)

最大坡度(‰)	列车编组辆数(辆)				
	10	12	14	16	18
12	160 *	160 *	157	146	135
14	160 *	158	146	133	125
16	160 *	148	134	124	117
18	154	136	125	117	108
20	142	128	118	109	101

注：* 按最高速度不超过160 km/h考虑。

根据我国《铁路主要技术政策》，客货共线主要干线铁路，旅客列车最高速度为200 km/h，客货共线一般干线铁路，旅客列车最高速度为160 km/h。所以客运专线跨线中速列车的速度应按最高160 km/h考虑匹配。根据我国目前电力机车发展的技术水平，跨线中速列车采用功率最大的SS_9机车单机牵引（编组10辆），在12‰的设计坡度上，均衡速度可以达到130 km/h，SS_9机车双机牵引（编组10辆），在20‰的设计坡度上，均衡速度可以达到142 km/h。

高速铁路一般所经地区经济发达，城市和居民点密布，铁路、公路、河流纵横交错，高架线路、立交工程、跨越河流等对高程都有一定的要求，通航河流尚需满足航运净高标准，纵断面设计需频繁采用起伏坡度，采用坡度的大小也随条件的不同而异。另外高速铁路所处的地形条件也不尽相同，不同的项目应进行不同最大坡度的比选，从高程的控制性条件和工程投资差别分析，采用合理的最大坡度。

综上所述，调整铁路（高速）区间正线的最大坡度应根据牵引种类、工程情况，经牵引计算并经过比选后确定，最大坡度不大于20‰，特殊困难条件下不大于30‰。

高速铁路动车组走行线，仅承担高速动车组空载条件下的走行，运行速度也较低，且动车组的功率一般较大，参照国外高速铁路最大坡度的取值，规定动车组走行线最大坡度为35‰。

2.3.7 车站到发线有效长

1. 到发线有效长

高速铁路的运输组织模式采用本线列车和跨线列车共线运行模式。到发线有效长度必须满足该线路最长到发列车停车的需要。根据有关分析研究和对有关国家的咨询，到发线有效长度除满足列车长度要求外，还需要另考虑安全过走距离的要求。

由此，运行高速列车线路的到发线有效长，应同时满足两个条件：一是高速列车长度及有关参数之和；二是进站信号机至到发线另一端出站信号机之间的距离大于列车由进站信号机到停车的制动距离。

高速铁路客车到发线有效长L按下式计算（如图2.2所示）：

$$L=l_1+l_2+2l_3+\Delta L \qquad (2.9)$$

式中变量含义见图2.2下注。

按最大编组辆数为16辆，每辆车辆长度取26 m，列车长度为16×26=416(m)，取420 m，确定到发线有效停车长度为420+45+2×5=475(m)。到发线有效长度采用475+50=525(m)。考虑容纳20车辆编组中速列车，并按双方向进路设计，到发线有效长度取用650 m。

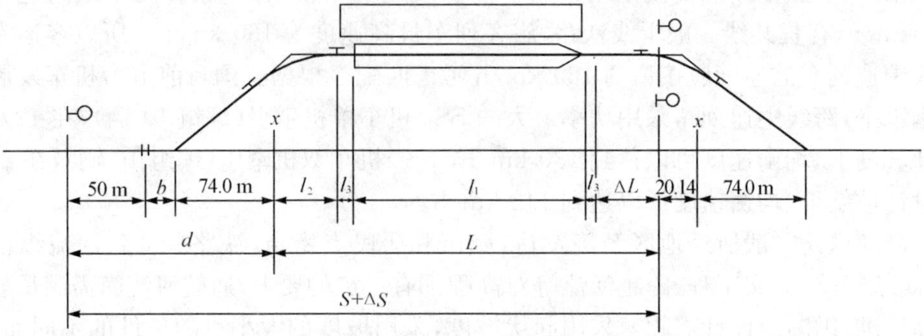

图 2.2　高速铁路到发线有效长示意图

l_1—列车长，包括机车和旅客列车长，m；l_2—警冲标至曲线终点的横坐标距离按 45 m 计；
l_3—富余量按 5 m 计；ΔL—停车安全距离，参照日本资料，为不少于 50 m；
b—道岔始端至岔心距离，m；d—进站信号机至警冲标的距离，m；
S—列车由进站信号机到停车的制动距离，m；ΔS—制动富裕距离，m，参照日本资料，取不小于 30 m。

2. 安全过走距离验算

进站信号机至到发线另一端出站信号机之间的距离，应大于或等于旅客列车由进站信号机到停车位的制动距离，如图 2.2 所示，即

$$L+d \geqslant S+\Delta S \qquad (2.10)$$

列车自进站信号机至停车所需的制动距离为：

$$S=\frac{v^2}{2\alpha} \qquad (2.11)$$

式中　v——进入到发线停站列车到达进站信号机前方的速度，受 18 号道岔侧向速度限制，按 70～80 km/h 计；

α——负加速度（减速度），常用最小减速度按 2.0 km/h/s 计，计算时考虑速度表误差为 +2%，制动空废时间 t 按 4 s 计。

$$S=\frac{(v+0.02v)^2}{2\alpha}+(v+0.02v)t \qquad (2.12)$$

当 v=70 km/h 时，S=433.36 m；当 v=80 km/h 时，S=553.10 m。

进站信号机至警冲标的距离：

d=50 m（进站信号机至道岔始端距离）+22.75 m（道岔始端至岔心距离）+74 m（岔心至警冲标距离）=146.75 m

以最短有效长与最大制动距离对照：

$$L+d=450+146.75=596.75(\text{m})$$

$$S+\Delta S=553.10+30.0=583.1(\mathrm{m})$$

对照结果说明，停站列车受 18 号道岔侧向通过速度限制时。在到发线有效长较短的情况下，能够安全制动停车。关于 $L+d$ 的距离，也是用最短的。一般车站咽喉设有正线间的渡线，进站信号机尚需外移，$L+d$ 的距离将延长，因此停车安全是可以保障的。

如果连接正线与到发线采用大号码道岔，提高停站列车在进站信号机外方的速度，可以减少停站列车占用区间的时间，则应检算制动距离是否满足要求。设 v 分别为 140 km/h 和 160 km/h，制动距离分别为 1 575 m 和 2 031 m，则必须加大有效长，增加工程投资。

复习思考题

1. 简述高速铁路选线的原则。
2. 简述铁路线路的分类。
3. 高速铁路的主要技术标准有哪些？
4. 简述列车侧面会车时压力波的特点。
5. 简述高速铁路线间距的要求。
6. 简述影响线路最小曲线半径的因素及关系。
7. 线路最大坡度有何规定？
8. 简述影响线路到发线有效长的原因。

3 高速铁路线路平面及纵断面设计

3.1 线路平面

3.1.1 建筑限界

1. 高速铁路建筑限界的规定

建筑限界是高速铁路的基本技术标准之一，与设备设施的设计密切相关。根据运输组织模式，高速铁路除运行本线车外，还将运行既有线上的跨线列车。因此，建筑限界必须同时满足本线列车及跨线列车的运行安全。

高速铁路建筑限界的高度主要考虑接触网悬挂方式、导线高度、结构高度、带电体对地绝缘距离以及施工误差等因素。根据接触网悬挂方式的专题研究意见，接触线悬挂点高度为 5 300 mm，结构高度不小于 1 400 mm，水平腕臂上承力索零件安装高度 50 mm，带电体对地绝缘距离、建筑物沉降、工务抬道及安全裕量等因素合计考虑 500 mm，以上合计 7 250 mm。因此，规定高速铁路建筑限界的高度不小于7 250 mm。

高速铁路不考虑超限货物列车运行，建筑限界的宽度应采用普通铁路的限界宽度。但限界宽度增大并不会增加工程量。因此，最大宽度与既有铁路的建筑限界(即 GB 146. 2—1983 中)的宽度一致，为 4 880 mm。

为方便旅客上下车，高速铁路的站台高度应与客车车辆的底板高度相适应，根据动车组研究情况，确定为 1 250 mm。因此，站台高度限界确定为 1 250 mm。

将高速铁路站台限界的宽度确定为 1 750 mm，与既有线站台限界宽度一致。这样，本线列车或跨线列车无论是停靠在高速铁路站台，还是停靠在既有铁路站台，车厢侧壁与站台边缘的间隙可以大大减少，保证旅客上下列车的安全。同时，为了保证列车通过站台时的安全，要求本线列车或跨线列车设计时，距轨面 1 250 mm 及以下的车辆动态包络线，应综合考虑列车通过站台时的振动偏移量、列车停靠时塞拉门的开启、风荷载引起的车体偏移和轮缘磨耗、轨距扩大引起的车体偏移及一定的安全间隙等综合因素后，仍不大于 1 750 mm。

同时，要求站台修建也应对其高度和距线路中心线的距离施工误差有所限制，以方便旅客上下，保证旅客的安全。

根据以上规定制定的各项设计标准，在桥梁上和隧道内的建筑限界之外均有足够的空间，即图 3.1 亦适用于桥梁和隧道。

上述限界基本尺寸适用于旅客列车设计行车速度为 250 km/h$\leqslant v \leqslant$350 km/h 的高速铁路。建筑限界主要取决于高速机车车辆限界、运行时的偏移量和接触网的类型、结构尺寸。目前，我国高速机车车辆采用 CRH 系列动车组，限界是按我国高速机车车辆高×宽为 4.8×3.4 m 而定；大于国外高速机车车辆限界，日本新干线建筑限界的高度与宽度分别为 6.45 m 和 4.4 m，德国高速铁路建筑限界的高度仅为 5.725 m，但这一高度仅考虑了安装接触导线的空间，其宽度为 4.40 m，但在有地面信号机一侧的限界半宽为 2.50 m，即信号机侧面应距建筑限界 0.3 m。

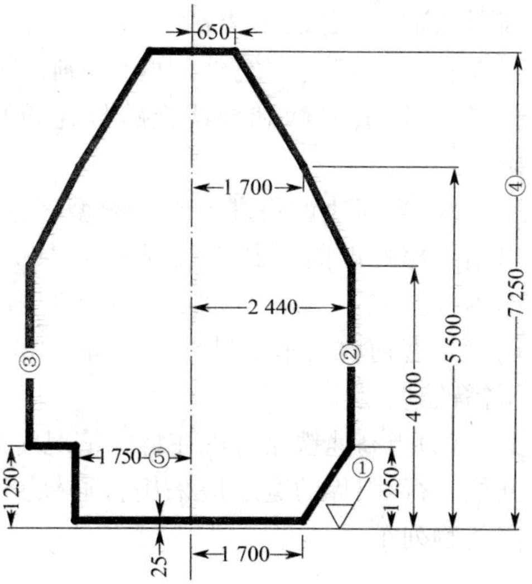

①轨面高程
②区间及站内正线（无站台）建筑限界
③有站台时建筑限界
④轨面以上最大高度
⑤站内侧线股道中心至站台边缘的宽度

图 3.1 高速铁路建筑限界基本尺寸及轮廓(单位:mm)

2. 曲线地段建筑限界的加宽

建筑限界的曲线加宽，通常考虑曲线上车辆的几何偏移量和超高引起的车辆偏移量，经按我国研制中的高速车辆计算，车体在曲线上的几何偏移量甚小(小于附加的安全裕量 150 mm)。故曲线限界加宽只考虑由于超高引起车体倾斜的曲线内侧加宽。

曲线地段的建筑限界，应考虑因超高产生车体倾斜对曲线内侧的限界加宽。其加宽量为：

$$W = \frac{H}{1\,500} \cdot h \quad (\mathrm{mm}) \tag{3.1}$$

式中 W——曲线内侧加宽值，mm；

H——轨顶面至计算点的高度，mm；

h——外轨超高值，mm。

曲线上建筑限界的加宽范围，包括全部圆曲线、缓和曲线和部分直线，通常采用图 3.2 所示阶梯加宽方法。

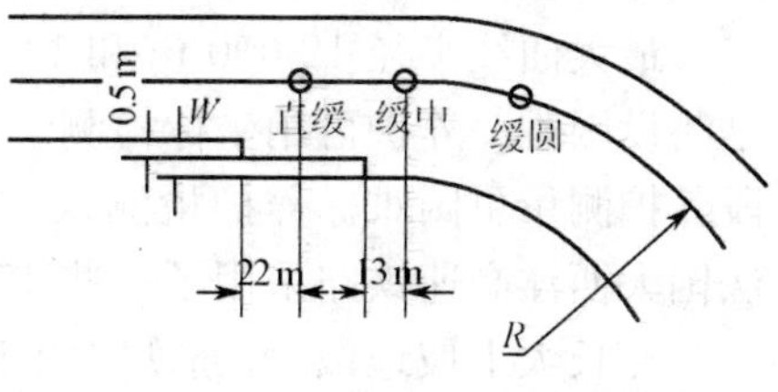

图 3.2 高速铁路建筑限界的曲线加宽方法

3. 特殊情况下高速铁路限界的应用

(1)高速线路在区间不可避免地要穿越既有建筑物，当净高受既有建筑物限制，线路标高又不能落低，若抬高既有建筑物将引起增加大量投资，或不可能抬高时，高速铁路的限界高度可减少至 6.7 m。也可将高速铁路的接触网立柱布置在被穿越建筑物之外的两侧，则限界的高度只要考虑安装接触导线的空间（包括导线波动高度）和导线至跨越建筑物底面的安全距离，可以根据具体情况计算确定。

（2）当高速铁路进入既有大型客站、全部或绝大多数高速列车均需停站或受进出站线路标准的限制必须降速至 160 km/h 以下，所有既有跨越建筑物，（包括车站内外的城市道路、公路跨线桥、站内高架通廊和跨线高架候车室等），其高度如已满足普通电力牵引铁路限界即 6.55 m 和困难条件下的 6.20 m，则可保留使用，不需改建。

（3）当高速铁路考虑在特殊情况时或夜间需走行货物列车、在进出站与普通客车共线运行，限界的宽度应采用普通铁路的限界宽度，即宽度4.88 m。但不应考虑超限货物列车。

3.1.2 曲线半径的合理选用

曲线半径的选用，首先应考虑满足规定的行车速度和舒适度要求。并结合地形地貌、工程地质、重大桥隧、跨越条件和车站设置等因素，选用适应的曲线半径，尽量减少工程，减少各种设施及房屋建筑物的拆迁或改移。求取速度与工程经济的合理结合。就速度、舒适度和运行条件而言，平面设计应优先采用以下曲线半径：

速度 350 km/h，R 为 7 000～12 000 m；

速度 250 km/h，R 为 4 000～10 000 m；

速度 200 km/h，R 为 2 200～10 000 m。

以上曲线半径范围，欠超高大多在 40 mm 以内，个别超过 40 mm 但未超过 80 mm，$(h+h_q)$值大多小于 220 mm。缓和曲线的超高时变率均可用 25.25 mm/s。因此舒适度在“良好”、少数在“一般”范围。

最大曲线半径 12 000 m 和 14 000 m。其根据：一是考虑养护基准测量困难，二是测设困难。养护可用坐标检测。且缓和曲线范围半径由无穷大变到曲线半径，此段养护测量更困难。养护检测误差小于 1 mm 时，也会影响维修轨道平顺的标准。法国大西洋高速铁路采用了一些 15 000 m、25 000 m 的曲线半径。

在长大上坡地段，普通铁路由于列车速度降低而可用较小（与速度相适应）的曲线半径，高速列车功率大、牵引质量小，高速旅客列车速度不会降低，因此不影响曲线半径选用。当极个别情况，设计坡度大于规定值时，则应通过牵引计算确定。

在始发终到、全部列车均停站（或仅有少数通过列车）的车站，在车站外的列车制动或起动加速范围内正线，可以选用与速度相匹配的曲线半径，困难时，可选用较小半径，以减少工程量。

高速铁路平面设计半径的选用，必须研究工程经济与技术标准的关系，在通过经济发达地区，受人口稠密、其他交通设施及建筑物、城镇规划等影响，如果全部选用规定的曲线半径，必将引起工程投资的大量增加，也可能造成好的站址方案无法通过。因此，在设计中应考虑所付出的代价与取得的效果，也就是工程经济与技术标准的研究分析。

线路技术标准和参数是绝对的，设计应当符合规定。从工程经济考虑既是绝对的，在特殊条件下也是相对的。既不能不视具体情况一律采用标准和参数，也不应为减少投资任意使用低于规定的标准和参数。使用低于规定的标准和参数，一般均应进行技术经济比较，分析投入与效果，权衡得失。

高速铁路正线的线路平面曲线半径应因地制宜，合理选用。与设计行车速度匹配的平面曲线半径，见表 3.1。

表 3.1　平面曲线半径表(m)

设计行车速度(km/h)	350/250	300/200	250/200	250/160
有砟轨道	推荐 8 000～1 000； 一般最小 7 000； 个别最小 6 000	推荐 6 000～8 000； 一般最小 5 000； 个别最小 4 500	推荐 4 500～7 000； 一般最小 3 500； 个别最小 3 000	推荐 4 500～7 000； 一般最小 4 000； 个别最小 3 500
无砟轨道	推荐 8 000～1 000； 一般最小 7 000； 个别最小 5 500	推荐 6 000～8 000； 一般最小 5 000； 个别最小 4 000	推荐 4 500～7 000； 一般最小 3 200； 个别最小 2 800	推荐 4 500～7 000； 一般最小 4 000； 个别最小 3 500
最大半径	12 000	12 000	12 000	12 000

注：个别最小半径值需进行技术经济比选，报部批准后方可采用。

3.1.3　缓和曲线

1. 缓和曲线线形

缓和曲线线形基本上可归纳为两种类型。一是线性缓和曲线，其超高和曲率呈线性变化，如传统的三次抛物线形；二是非线性缓和曲线，如三次抛物线圆或余弦改善形（实际上是线性和非线性混合）、半波正弦形、五次代数式、七次四项式、七次代数式、一波正弦式等。

主要类型的数学表达式为：

(1)三次抛物线

平面

$$Y=\frac{X^3}{6Rl_0} \tag{3.2}$$

立面

$$h=\frac{h_0X}{l_0} \tag{3.3}$$

(2)三次抛物线圆改善形

在三次抛物线形的 ZH、HY 点各加一条立面圆曲线，使圆曲线长度的 1/2 在直线(或圆曲线)上，1/2 在缓和曲线上，如图 3.3 所示。

图 3.3　三次抛物线圆曲线

平面

$$Y=\frac{X^3}{6Rl_0} \tag{3.4}$$

立面

$$h=\begin{cases} h_0\cdot\dfrac{(X+\frac{l_1}{2})^2}{2l_0}\cdot l_1 & -\dfrac{l_1}{2}\leqslant X\leqslant\dfrac{l_1}{2} \\ h_0\cdot\dfrac{X}{l_0} & \dfrac{l_1}{2}\leqslant X\leqslant l_0-\dfrac{l_1}{2} \\ h_0\cdot\left[1-\dfrac{\left(l_0+\frac{l_1}{2}-X\right)^2}{2l_0}\cdot l_1\right] & l_0-\dfrac{l_1}{2}\leqslant X\leqslant l_0+\dfrac{l_1}{2} \end{cases} \tag{3.5}$$

(3)三次抛物线余弦改善形

三次抛物线余弦改善形缓和曲线，即在立面头尾插入余弦曲线。

平面

$$Y=\frac{X^3}{6Rl_0} \tag{3.6}$$

立面

$$h=\begin{cases} h_0\left[1-\cos\dfrac{\left(X+\dfrac{l_1}{2}\right)\pi}{l_0+l_1}\right] & -\dfrac{l_1}{2}\leqslant X\leqslant\dfrac{l_2}{2} \\ h_0\cdot\dfrac{X}{l_0} & \dfrac{l_1}{2}\leqslant X\leqslant l_0-\dfrac{l_1}{2} \\ h_0\cdot\cos\left[\dfrac{l_0+\dfrac{l_1}{2}-X}{l_0+l_1}\cdot\pi\right] & l_0-\dfrac{l_1}{2}\leqslant X\leqslant l_0+\dfrac{l_1}{2} \end{cases} \tag{3.7}$$

(4)七次四项式

平面

$$Y=\frac{l_0^2}{84R}\cdot\left[35\left(\frac{X}{l_0}\right)^4-42\left(\frac{X}{l_0}\right)^5+28\left(\frac{X}{l_0}\right)^6-8\left(\frac{X}{l_0}\right)^7\right] \tag{3.8}$$

立面

$$h=h_0\cdot\left[5\left(\frac{X}{l_0}\right)^2-10\left(\frac{X}{l_0}\right)^3+10\left(\frac{X}{l_0}\right)^4-4\left(\frac{X}{l_0}\right)^5\right] \tag{3.9}$$

(5)半波正弦形

平面

$$Y=\frac{X^2}{4R}-\frac{l_0^2}{2\pi^2R}\left(1-\cos\frac{X}{l_0}\cdot\pi\right) \tag{3.10}$$

立面

$$h=\frac{h_0}{2}\cdot\left(1-\cos\frac{X}{l_0}\cdot\pi\right) \tag{3.11}$$

(6)一波正弦式

平面

$$Y=\frac{X^3}{6Rl_0}-\frac{l_0}{4\pi^2R}\cdot X+\frac{l_0^2}{8\pi^3R}\cdot\sin\frac{2\pi}{l_0}X \tag{3.12}$$

立面

$$h=\frac{h_0}{l_0}\cdot X-\frac{h_0}{2\pi}\cdot\sin\frac{2\pi}{l_0}X \tag{3.13}$$

式中 R ——圆曲线半径,m;

l_0 ——缓和曲线长度,m;

h_0 ——圆曲线实设超高,mm;

l_1 ——三次抛物线的改善形立面头尾插入的曲线长度,m;

Y ——平面距离,m;

h ——相对于 Y 的超高度,mm。

中国铁道科学研究院分析在缓和曲线中部的最大未被平衡横向加速度时变率相等时，七次四项式、半波正弦、一波正弦的缓和曲线长度分别为三次抛物线长度的1.33、1.67、2.1倍。

国外目前运营高速铁路上采用的缓和曲线线形：德国三次抛物线、法国三次抛物线余弦改善形、英国三次抛物线圆改善形、日本半波正弦形，说明高速条件下三次抛物线改善形能满足安全和舒适度要求，并且其线形简单、设计方便、平立面有效长度比值大，有利于减少工程，也与我国铁路沿用线形一致，现场养护也有丰富经验，因此我国高速铁路缓和曲线采用三次抛物线形。

2.缓和曲线长度

缓和曲线长度应满足列车运行安全和旅客乘坐舒适度的要求。高速铁路由于列车运行速度高和要求旅客乘坐舒适度高，缓和曲线长度比普通铁路长得多。但过长的缓和曲线显然会引起线路平面和纵断面设计的困难而加大工程投资。因此，缓和曲线长度取决于行车安全和旅客乘坐舒适度的取值。即受以下三个条件控制，按三次抛物线线性变化的计算式分别为：

(1)车辆脱轨安全性，即在缓和曲线范围内超高顺坡的最大值。我国现行《铁路线路设计规范》规定，最大超高顺坡值$h/l_0 \leqslant 2‰$，即1/500。日本建设规程为1/200，构造规程为1/400，德国为1/400。我国京沪高速铁路采用最大值为1/500，则缓和曲线长度为：

$$l_1 \geqslant \frac{h}{i_{\max}} \geqslant 0.5h \tag{3.14}$$

式中　l_1——防止车辆脱轨条件下缓和曲线长度，m；

h——曲线超高值，mm；

$i_{\max}$——最大顺坡值。

(2)舒适度指标之一，未被平衡横向加速度时变率β值。列车运行在缓和曲线上时，过大的未被平衡横向加速度时变率将引起乘坐条件的恶化，因此从乘坐舒适度出发，要求缓和曲线有合适的长度，即需限制未被平衡横向加速度时变率β的值，亦即为欠超高时变率限值。β值国内曾进行过较多的试验研究。中国铁道科学研究院在京广线和滨洲线进行未被平衡横向加速度与舒适性评价的相关试验，归纳得出以下不同未被平衡横向加速度下舒适感觉的相关值：

当$\beta=0.015g/\mathrm{s}$时，96%的乘客的感觉在“轻微感觉”区内，旅客平均舒适度指数为0.5；

当$\beta=0.025g/\mathrm{s}$时，20%的乘客有“明显感觉”，旅客平均舒适度指数为1.0；

当$\beta=0.034g/\mathrm{s}$时，50%的旅客有“明显感觉”，旅客平均舒适度指数为1.3。

日本早期修建的东海道新干线，β值计划时采用0.025g/s，欠超高时变率 f=37 mm/s，铺轨时改用β为0.019g/s、f=29 mm/s和β为0.03g/s、f=45 mm/s。在山阳及以后修建的新干线，β为0.016g/s、f=24 mm/s和β为0.025g/s、f=37 mm/s。

我国京沪高速铁路β的采用值为：

一般　　β=0.015g/s　　f=22.5 mm/s

困难　　β=0.025g/s　　f=37.5 mm/s

受未被平衡横向加速度时变率β值控制的缓和曲线长度l_2计算式为：

$$l_2 \geqslant \frac{v}{3.6} \cdot \frac{h_q}{f} \tag{3.15}$$

以β代入公式，得l_2的简化算式：

一般　　$l_2 \geqslant 12.4 \times 10^{-3} \cdot v \cdot h_q$

困难　　$l_2 \geqslant 7.4 \times 10^{-3} \cdot v \cdot h_q$

式中　v——通过该曲线的允许速度，km/h；

l_2——受未被平衡横向加速度时变率限制的缓和曲线长，m；

h_q——曲线欠超高值，mm。

(3)舒适度指标之二，车体倾斜角速度ω值。当列车运行进入缓和曲线，车辆因缓和曲线超高顺坡而开始倾斜。其倾斜角速度ω值的大小，亦即超高时变率的快慢，将影响旅客的舒适程度。对允许的车体倾斜角速度ω值，国内尚无完整的试验资料。国外高速铁路ω的限值为：

日本，东海道新干线铺轨时，ω=0.023 rad/s，对应于超高时变率f=34 mm/s和ω=0.035 rad/s、f=53 mm/s。山阳及以后所建新干线则为，ω=0.02 rad/s、f=28.7 mm/s和ω=0.03 rad/s、f=45 mm/s。

德国，v_{max}=250 km/h，ω=0.019 rad/s，f=28 mm/s；v_{max}=300 km/h，ω=0.015 rad/s，f=23 mm/s。

法国，v_{max}=300 km/h，ω=0.017～0.037 rad/s，f=25～56 mm/s；v_{max}=350 km/h，ω=0.019～0.033 rad/s，f=29～25 mm/s。

我国广深铁路，ω=0.021 rad/s，f=32 mm/s。

根据对国外高速铁路的研究，考虑为旅客提供较高的乘坐舒适度，ω、f的限值为：

良好　　ω=0.016 8 rad/s，f=25 mm/s

一般　　ω=0.018 7 rad/s，f=28 mm/s

困难　　ω=0.020 6 rad/s，f=31 mm/s

受ω限值影响的缓和曲线长度l_3计算式为：

$$l_3 \geqslant \frac{v}{3.6} \cdot \frac{h}{f} \tag{3.16}$$

式中 l_3——受车体倾斜角速度要求控制的缓和曲线长度，m；

v——通过该曲线的允许速度，km/h；

h——曲线超高值，mm；

f——欠超高时变率，mm/s。

将 f 代入后简化算式：

良好 $$l_3 \geqslant 11\times10^{-3}\cdot v\cdot h \tag{3.17}$$

一般 $$l_3 \geqslant 10\times10^{-3}\cdot v\cdot h \tag{3.18}$$

困难 $$l_3 \geqslant 9\times10^{-3}\cdot v\cdot h \tag{3.19}$$

缓和曲线长度，应取最大超高顺坡值、未被平衡横向加速度时变率（即欠超高时变率）、车体倾斜角速度（即超高时变率）三者中之最长者。经计算分析，对高速铁路而言，一般情况，允许的车体倾斜角速度要求的缓和曲线为最长。

3. 缓和曲线长度计算

缓和曲线长度计算式采用下式计算：

$$\begin{aligned}&\text{良好} \quad l \geqslant 11\times10^{-3}\cdot v\cdot h\\&\text{一般} \quad l \geqslant 10\times10^{-3}\cdot v\cdot h\\&\text{困难} \quad l \geqslant 9\times10^{-3}\cdot v\cdot h\end{aligned} \tag{3.20}$$

式中 l——计算的缓和曲线长度，m；

v——通过该曲线困难条件下的允许速度，km/h；

h——设计超高值，mm。

当 $R\leqslant 5\ 500$ m 时，即曲线半径采用困难条件时，其缓和曲线相应较短。缓和曲线头尾在立面上的偏角随之加大，故此时应采用三次抛物线圆改善形的缓和曲线。故在立面上按计算长度，头尾各增加 40 m 的圆曲线长，其 1/2 在缓和曲线内，另 1/2 在直线段内。但在平面上并不增加缓和曲线长度，只在纵断面设计时，应按缓和曲线在平面上的起点（ZH）向直线段延长 20 m 控制。

（1）v 值计算

在高、中速共线运行时，v 值按下式计算：

$$v_{max}=\sqrt{\frac{R(h_g+h_q)}{11.8}+v_2^2} \tag{3.21}$$

在全高速运行时，v 值按下式计算：

$$v_{max}=\sqrt{\frac{R(h_g+h_q)}{11.8}} \tag{3.22}$$

式中 v_{max}——高速列车速度，km/h；

R——曲线半径，m；

h ——超高值,mm;

h_g ——过超高值,mm;

h_q ——欠超高值,mm;

v_2 ——中速列车速度 km/h。

以上 $h_q + h_g$,一般用 110 mm,困难用 140 mm;$h + h_q$ 一般用 220 mm,困难用 260 mm。按高、中速混跑,速度匹配为 250/140 km/h、300/160 km/h 和全高速 v = 350 km/h 分别计算出的 v_{max} 见表 3.2 和表 3.3。

表 3.2 通过各种半径曲线高速车的计算速度(km/h)

曲线半径 R(m)	高、中速共线(250/140 km/h)		全高速(250 km/h)	
	一 般	困 难	一 般	困 难
14 000	250(387)	250(430)	250(510)	250(555)
13 000	250(375)	250(416)	250(492)	250(535)
12 000	250(362)	250(402)	250(472)	250(514)
11 000	250(349)	250(387)	250(452)	250(492)
10 000	250(335)	250(371)	250(431)	250(469)
9 000	250(321)	250(355)	250(409)	250(445)
8 000	250(306)	250(338)	250(386)	250(419)
7 000	250(291)	250(320)	250(361)	250(392)
6 000	250(275)	250(301)	250(334)	250(363)
5 500	250(266)	250(291)	250(320)	250(348)
5 000	250(257)	250(280)	250(305)	250(331)
4 500	248	250(270)	250(289)	250(314)
4 000	238	250(258)	250(289)	250(314)
3 500	228	247	250(255)	250(277)
3 000	218	235	236	250(257)
2 500	207	221	215	234
2 000	193	208	193	208
1 800	183	199	183	199
1 600	172	187	172	187
1 500	167	181	167	181
1 400	161	175	161	175
1 200	149	162	149	162
1 000	136	148	136	148

表 3.3　通过各种半径曲线高速车的计算速度(km/h)

曲线半径 R(m)	高、中速共线(300/160 km/h)		全高速(350 km/h)	
	一　般	困　难	一　般	困　难
14 000	300(395)	300(437)	350(510)	350(555)
13 000	300(383)	300(424)	350(492)	350(535)
12 000	300(370)	300(409)	350(472)	350(514)
11 000	300(357)	300(395)	350(452)	350(492)
10 000	300(344)	300(379)	350(431)	350(469)
9 000	300(330)	300(363)	350(409)	350(445)
8 000	300(316)	300(347)	350(386)	350(419)
7 000	300	300(330)	350(361)	350(392)
6 000	285	300(311)	334	350(363)
5 500	277	300(301)	320	350(348)
5 000	228	291	305	331
4 500	260	281	289	314
4 000	250	270	273	296
3 500	241	260	255	277
3 000	231	247	236	257
2 500	215	234	215	234
2 000	193	205	193	205
1 500	167	181	167	181
1 000	136	148	136	148

表 3.2 中，当计算速度(即括号内) v_{max} 大于规定速度 250、300、350 km/h 时，v_{max} 用规定值。当 300/160 km/h 匹配 $R \leqslant 2\ 500$ m 和 250/140 km/h 匹配 $R \leqslant 2\ 000$ m时，因速差小，速差系数 $K \geqslant K_\beta$，v_{max} 应按 $v_{max}=\sqrt{\dfrac{R(h_g+h_q)}{11.8}}$ 计算。

从表中可见：250/140 km/h 匹配，满足高速车 250 km/h 速度的最小半径，一般为 5 000 m，困难为 4 000 m。

300/160 km/h 匹配，满足高速车 300 km/h 速度的最小半径，一般为 7 000 m，困难为 5 500 m。

满足全高速 250 km/h 的最小半径，一般为 3 500 m，困难为 3 000 m。

满足全高速 350 km/h 的最小半径，一般为 7 000 m，困难为 5 500 m。

(2)计算的曲线超高

计算的曲线超高,即均衡超高 h_0:

$$h_0 = \frac{11.8v^2}{R} \tag{3.23}$$

式中 v——列车速度,km/h;

R——曲线半径,m。

按高、中速列车 v_{max}、v_z 一般和困难情况,分别计算 h_0 见表 3.4、表 3.5。

表 3.4 计算的曲线超高(均衡超高 h_0)(单位:mm)

R (m)	高、中速共线(250/140 km/h)						全高速(250 km/h)			
	一 般		困 难		v_z=140 km/h		一 般		困 难	
	v_{max}	h_0	v_{max}	h_0	v_z	h_0	v_{max}	h_0	v_{max}	h_0
14 000	250	52	250	52	140	17	250	52	250	52
13 000	250	56	250	56	140	18	250	56	250	56
12 000	250	61	250	61	140	19	250	61	250	61
11 000	250	67	250	67	140	21	250	67	250	67
10 000	250	73	250	73	140	23	250	73	250	73
9 000	250	81	250	81	140	26	250	81	250	81
8 000	250	92	250	92	140	29	250	92	250	92
7 000	250	105	250	105	140	33	250	105	250	105
6 000	250	122	250	122	140	39	250	122	250	122
5 500	250	134	250	134	140	42	250	134	250	134
5 000	250	147	250	147	140	46	250	147	250	147
4 500	148	161	250	164	140	51	250	164	250	164
4 000	238	167	250	184	140	58	250	184	250	184
3 500	228	175	247	205	140	66	250	211	250	211
3 000	218	187	235	217	140	77	236	219	250	246
2 500	207	202	221	230	140	93	215	219	234	258
2 000	193	219	208	255	140	116	193	220	209	258
1 800	183	219	199	260	140	128	183	220	199	258
1 600	172	219	187	258	140	145	172	220	187	258
1 500	167	219	181	258	140	154	167	220	181	258
1 400	161	219	175	258	140	165	161	220	175	258
1 200	149	219	162	258	140	193	149	220	162	258
1 000	136	219	148	258	140	231	136	220	148	258

表 3.5　计算的曲线超高(均衡超高 h_0)(单位:mm)

R (m)	高、中速共线(300/160 km/h)						全高速(350 km/h)			
	一　般		困　难		v_z=160 km/h		一　般		困　难	
	v_{max}	h_0	v_{max}	h_0	v_z	h_0	v_{max}	h_0	v_{max}	h_0
14 000	300	75	300	75	160	22	350	103	350	103
13 000	300	81	300	81	160	23	350	111	350	111
12 000	300	88	300	88	160	25	350	120	350	120
11 000	300	96	300	96	160	27	350	131	350	131
10 000	300	106	300	106	160	30	350	145	350	145
9 000	300	118	300	118	160	34	350	161	350	161
8 000	300	132	300	132	160	38	350	181	350	181
7 000	300	151	300	151	160	43	350	206	350	206
6 000	285	160	300	177	160	50	334	219	350	240
5 500	277	162	300	189	160	55	320	219	350	258
5 000	268	170	291	199	160	60	305	219	331	258
4 500	260	177	281	207	160	67	289	219	314	258
4 000	250	184	270	215	160	76	273	219	296	258
3 500	241	195	260	228	160	86	255	219	277	258
3 000	231	209	247	240	160	101	236	219	257	258
2 500	215	218	234	258	160	121	215	219	234	258
2 000	193	219	209	258	160	151	193	219	209	258
1 500	167	219	181	258	160	201	167	219	181	258
1 000	136	219	148	258	160	302	136	219	148	258

(3)设计超高 h 的合理确定

实设超高 h_j 是由工务部门根据不同速度的列车对数、列车重量的均方根速度来确定。均方根速度 v_a 按下式计算:

$$v_a=\sqrt{\frac{N_1Q_1v_1{}^2+N_2Q_2v_2{}^2}{N_1Q_1+N_2Q_2}} \tag{3.24}$$

式中　v_a——均方根速度;

N_1 、N_2 ——两种速度的列车对数;

Q_1 、Q_2 ——两种速度的列车质量;

v_1 、v_2 ——两种不同的列车速度。

设计超高 h 没有考虑均方根速度因数，因此设计超高 h 与实设超高 h_j 之间有 Δh 的差数，即 $h_j = h \pm \Delta h$ 。

从理论上讲，工务部门应根据随着不同阶段、不同区段，高、中速列车对数、列车质量，速度的变化，计算相应的均方根速度调整实设超高。高速铁路因不运行货物列车，故 v_a 值变化不大，为保持平顺性，不宜多次调整。

实际上，由于运营时期情况的变化，设计阶段也无法精确计算运营阶段的均方根速度变化，计算的 Δh 值与运行时实际的 Δh 必然有差距。因此，h 值的合理确定主要是根据 h_q 、h_g 和 $h_q + h_g$ 的限值，并考虑留有适当的调整裕量。

高速铁路列车质量、种类、速度的差异比普通客货共线铁路小得多，客车质量较货物列车轻，对过超高曲线内轨的磨耗和欠超高对外轨的横向抗力相对较小。全高速线路高速列车的速度，虽然也有差别，主要是停站列车在进出站前后制动及起动加速范围内的速度低于通过列车，在此范围内的曲线实设超高不应取决于均方根速度，而应以适应通过列车舒适度要求确定。高中速共线的实设超高应以满足高速列车舒适度要求为主，兼顾中速列车舒适度，中速列车数量也将逐渐减少而过渡到全高速列车。基于以上高速铁路与普通铁路的诸多不同之处，实设超高是否要根据各阶段行车条件的变化而调整或如何确定调整 Δh 的量，均需经过较长时间的运营实践和观测分析研究才能逐渐掌握。

高速铁路轨道平顺性有严格的养护标准，调整实设超高，需相应调整缓和曲线的轨顶顺坡标高，对于三次抛物线圆改善形的相应调整，更因调整量很小，使其保持平顺性比较困难。因此，从保持轨道平顺性的养护角度来看，宜少调整或不调整。

基于以上分析，合理选择设计超高 h 值的主要因素是：

① h 值对应于 h_0 值，应满足 h_q 、h_g 和 $h_q + h_g$ 的限值以内，并尽量适应较小的限值，以提高舒适度。特别是大半径曲线，不应采用困难档的限值。

②尽量适应高中速共线时与全高速时的运行要求，使近、远期设计超高和缓和曲线长度一致，避免远期改造。如 250/140 km/h 匹配与全高速 250 km/h 一致，300/160 km/h 匹配与全高速 350 km/h 一致。当不能一致时，近期即采用远期缓和曲线长度。

③在以上因素前提下，考虑工程投资因素，在同样满足舒适度“较好”或“一般”时，缓和曲线采用较短者。

④“困难”档不叠加，缓和曲线长度的“困难”档（即 $l = 9 \times 10^{-3} \cdot v \cdot h$ ）和圆曲线允许通过速度的“困难”档 v（即当 v_{max} =350 km/h，按 $h_q + h_g$ =140 mm 或 $h_q + h_g$ = 260 mm 计算的速度为“困难”档速度）不应叠加使用，以免行驶于缓和曲线和圆曲线列车舒适度的双重恶化。因此，计算缓和曲线的长度只有三种组合，即曲线半径 R

允许速度的"一般"档与 $l=11\times10^{-3}\cdot v\cdot h$、$l=9\times10^{-3}\cdot v\cdot h$ 的两种组合和曲线半径 R 允许速度的"困难"档与 $l=11\times10^{-3}\cdot v\cdot h$ 的一种组合。而没有曲线半径 R 允许速度的"困难"档速度与 $l=9\times10^{-3}\cdot v\cdot h$ 的组合。例如当 $v=350$ km/h，当 $R\leqslant$ 5 000 m 时，缓和曲线与速度的组合为以下三种：

$$l=11\times10^{-3}\cdot v_{一般}\cdot h$$

$$l=9\times10^{-3}\cdot v_{一般}\cdot h$$

$$l=11\times10^{-3}\cdot v_{困难}\cdot h$$

而不产生 $l=9\times10^{-3}\cdot v_{困难}\cdot h$ 的组合。

计算的缓和曲线长度见表 3.6 和表 3.7。

表 3.6　缓和曲线长度计算表

R(m)	高中速(300/160 km/h)				全高速(350 km/h)		
	h (mm)	验算 h_q	验算 h_g	验算 h_q+h_g	验算 h_q	验算 $h+h_q$	缓和曲线长度 l(m)
14 000	65 50	10<40 25<40	43<80 28<40	53<110 53<110	38<40 53<80	103<220 103<220	$l_1=250$ $l_2=210$ $l_3=160$
13 000	75 60	6<40 21<40	52<80 37<40	58<110 68<110	36<40 51<80	111<220 111<220	$l_1=290$ $l_2=240$ $l_3=200$
12 000	85 65	3<40 33<40	60<80 40=40	63<110 73<110	35<40 55<80	120<220 131<220	$l_1=370$ $l_2=300$ $l_3=240$
11 000	95 75	1<40 21<40	68<80 48<80	69<110 69<110	36<40 56<80	131<220 131<220	$l_1=370$ $l_2=300$ $l_3=270$
10 000	105 85	1<40 21<40	75<80 55<80	76<110 76<110	40=40 60<80	145<220 145<220	$l_1=410$ $l_2=330$ $l_3=270$
9 000					16<40 61<80	161<220 161<220	$l_1=480$ $l_2=400$ $l_3=320$
8 000					31<40 41<80	181<220 181<220	$l_1=580$ $l_2=480$ $l_3=380$

续上表

R(m)	高中速(300/160 km/h)				全高速(350 km/h)		
	h (mm)	验算 h_q	验算 h_g	验算 h_q+h_g	验算 h_q	验算 h_q+h_g	缓和曲线长度 l(m)
7 000					36＜40 66＜80	206＜220 206＜220	l_1=660 l_2=540 l_3=440
6 000					36＜40 66＜80	240＜260 240＜260	l_1=700 l_2=560 l_3=480
5 500					60＜80 90＜110	258＜260 258＜260	l_1=700 l_2=560 l_3=480

表 3.7　缓和曲线长度计算表

R(m)	高中速(300/160 km/h)				全高速(350 km/h)		
	h (mm)	验算 h_q	验算 h_g	验算 h_q+h_g	验算 h_q	验算 h_q+h_g	缓和曲线长度 l(m)
5 000	170 150	0～29＜40 20～49＜40/80	110=110 90＜110	110～139＜140	49～88＜80/110 69～108＜80/110	219～258＜220/260	l_1=620 l_2=510
4 500	165 150	12～42＜40/80 27～57＜40/80	98＜110 83＜110	110～140＜140	54～93＜80/110 69～108＜80/110	219～258＜220/260	l_1=570 l_2=480
4 000	160 150	24～55＜40/80 34～65＜40/80	84＜110 74＜80	110～139＜140	59～98＜80/110 69～108＜80/110	219～258＜220/260	l_1=520 l_2=450
3 500	155 150	40～73＜40/80 45～78＜—/80	69＜80 64＜80	109＜142	64～103＜80/110 69～108＜80/110	219～258＜220/260	l_1=480 l_2=420
3 000	150 150	49～90＜80/110	49＜80	98～139＜140	69～108＜80/110	219～258＜220/260	l_1=430 l_2=350
2 500	150 150	68～108＜80/110	29＜40	79～137＜140	69～108＜80/110	219～258＜220/260	l_1=390 l_2=320
2 000	150 150	68～108＜80/110			69～108＜80/110	219～258＜220/260	l_1=350 l_2=290
1 500	150 150	68～108＜80/110			69～108＜80/110	219～258＜220/260	l_1=300 l_2=250
1 000	150 150	68～108＜80/110			69～108＜80/110	219～258＜220/260	l_1=250 l_2=190

⑤计算速度，$R \geqslant 3\ 500$ m 采用远期全高速“困难”档的速度，覆盖了高、中速列车各种速度，并可使远期高速列车有较高的速度。$R \leqslant 3\ 000$ m，远期高速车“一般”和“困难”档速度相差不大，采用“一般”档，以便与近期高、中速各项限值的配合。

⑥计算表明 $R \geqslant 10\ 000$ m 及 $R \leqslant 5\ 000$ m 的缓和曲线长度及设计超高 h，均能适应近、远期。远期全高速时可以不改变。$R = 9\ 000 \sim 5\ 500$ m，设计超高不能与近、远期的各项限值配合，导致近期高、中速列车均产生过超高 h_g 或使远期全高速列车的欠超高偏大，故按能使远期全高速舒适度较好的条件选取 h 值。近期缓和曲线用远期长度。

⑦选用的两种设计超高值，与缓和曲线的两种长度，可以组合四种缓和曲线长度。如 $R = 12\ 000$ m，$h = 85$ mm 的缓和曲线长为一般 $l = 11 \times 10^{-3} \cdot v \cdot 85 = 330$ m 和困难 $l = 9 \times 10^{-3} \cdot v \cdot 85 = 270$ m，$h = 65$ mm 的缓和曲线长为一般 $l = 11 \times 10^{-3} \cdot v \cdot 65 = 250$ m 和困难 $l = 9 \times 10^{-3} \cdot v \cdot 65 = 210$ m，可见 $h = 65$ mm 的“一般”缓和曲线长短于 $h = 85$ mm 的“困难”长度，两者较接近，故只需采用其中较长者。形成表 3.8 中 l_1、l_2、l_3 三档长度。当 $R \leqslant 5\ 000$ m，“困难”的缓和曲线长度不应与“困难”的圆曲线半径组合，则只有两种缓和曲线长度 l_1、l_2。

⑧ $R = 10\ 000 \sim 14\ 000$ m 曲线的缓和曲线长 l_1、l_2，对高、中速车的欠超高 h_g 均小于 40 mm，在舒适度“良好”范围，中速车的舒适度也在“良好”和“一般”范围，l_1 相应的时变率为25.25 mm/s，l_2 对第二档设计超高值时变率亦为 25.25 mm/s，说明具备了良好的条件，缓和曲线长度已足够。l_3 相对的 h_g、h_g 也未达到“困难”值。$R = 5\ 500 \sim 9\ 000$ m，除 $h_q + h_g$ 个别为“困难”值，其他限值仍均在“良好”和“一般”范围。$R \leqslant 5\ 000$ m，大部分限值均在“一般”和“困难”范围。因此，线路平面设计应优先选用 R 为 5 500～12 000 m 的曲线。

据此计算的不同速度及其组合的缓和曲线长度见表 3.8。

表 3.8　缓和曲线长度(m)300/160 km/h、350 km/h

曲线半径(m)	良　好	一　般	困　难	曲线半径(m)	良　好	一　般	困　难
14 000	250	210	160	5 000		620	550
13 000	290	240	200	4 500		570	520
12 000	330	270	210	4 000		520	490
11 000	370	300	240	3 500		480	420
10 000	410	330	270	3 000		430	350
9 000	480	400	320	2 500		390	320
8 000	580	480	380	2 000		350	290
7 000	660	540	440	1 500		300	250
6 000	700	540	480	1 000		250	190
5 500	700	560	480				

4. 各种速度及其匹配的缓和曲线长度表

根据《高速铁路设计规范(试行)》规定:高速铁路线路中直线与圆曲线间应采用缓和曲线连接,缓和曲线长度应根据设计行车速度、曲线半径和地形条件按表 3.9 合理选用,正常情况应选用(1)栏值。

表 3.9 缓和曲线长度(m)

<table>
<tr><th rowspan="2">设计行车速度(km/h)
曲线半径(m)</th><th colspan="3">350</th><th colspan="3">300</th><th colspan="3">250</th></tr>
<tr><th>(1)</th><th>(2)</th><th>(3)</th><th>(1)</th><th>(2)</th><th>(3)</th><th>(1)</th><th>(2)</th><th>(3)</th></tr>
<tr><td>12 000</td><td>370</td><td>330</td><td>300</td><td>220</td><td>200</td><td>180</td><td>140</td><td>130</td><td>120</td></tr>
<tr><td>11 000</td><td>410</td><td>370</td><td>330</td><td>240</td><td>210</td><td>190</td><td>160</td><td>140</td><td>130</td></tr>
<tr><td>10 000</td><td>470</td><td>420</td><td>380</td><td>270</td><td>240</td><td>220</td><td>170</td><td>150</td><td>140</td></tr>
<tr><td>9 000</td><td>530</td><td>470</td><td>430</td><td>300</td><td>270</td><td>250</td><td>190</td><td>170</td><td>150</td></tr>
<tr><td>8 000</td><td>590</td><td>530</td><td>470</td><td>340</td><td>300</td><td>270</td><td>210</td><td>190</td><td>170</td></tr>
<tr><td rowspan="2">7000</td><td>670</td><td>590</td><td>540</td><td rowspan="2">390</td><td rowspan="2">350</td><td rowspan="2">310</td><td rowspan="2">240</td><td rowspan="2">220</td><td rowspan="2">190</td></tr>
<tr><td>680 *</td><td>610 *</td><td>550 *</td></tr>
<tr><td rowspan="2">6 000</td><td>670</td><td>590</td><td>540</td><td rowspan="2">450</td><td rowspan="2">410</td><td rowspan="2">370</td><td rowspan="2">280</td><td rowspan="2">250</td><td rowspan="2">230</td></tr>
<tr><td>680 *</td><td>610 *</td><td>550 *</td></tr>
<tr><td rowspan="2">5 500</td><td>670</td><td>590</td><td>540</td><td rowspan="2">490</td><td rowspan="2">440</td><td rowspan="2">390</td><td rowspan="2">310</td><td rowspan="2">280</td><td rowspan="2">250</td></tr>
<tr><td>680 *</td><td>610 *</td><td>550 *</td></tr>
<tr><td>5 000</td><td>—</td><td>—</td><td>—</td><td>540</td><td>480</td><td>430</td><td>340</td><td>300</td><td>270</td></tr>
<tr><td rowspan="2">4 500</td><td rowspan="2"></td><td rowspan="2"></td><td rowspan="2"></td><td>570</td><td>510</td><td>460</td><td rowspan="2">380</td><td rowspan="2">340</td><td rowspan="2">310</td></tr>
<tr><td>585 *</td><td>520 *</td><td>470 *</td></tr>
<tr><td rowspan="2">4 000</td><td rowspan="2">—</td><td rowspan="2">—</td><td rowspan="2">—</td><td>570</td><td>510</td><td>460</td><td rowspan="2">420</td><td rowspan="2">380</td><td rowspan="2">340</td></tr>
<tr><td>585 *</td><td>520 *</td><td>470 *</td></tr>
<tr><td>3 500</td><td>—</td><td>—</td><td>—</td><td></td><td></td><td></td><td>480</td><td>430</td><td>380</td></tr>
<tr><td>3 200</td><td>—</td><td>—</td><td>—</td><td>—</td><td>—</td><td>—</td><td>480</td><td>430</td><td>380</td></tr>
<tr><td rowspan="2">3 000</td><td rowspan="2">—</td><td rowspan="2">—</td><td rowspan="2">—</td><td rowspan="2">—</td><td rowspan="2">—</td><td rowspan="2">—</td><td>480</td><td>430</td><td>380</td></tr>
<tr><td>490 *</td><td>440 *</td><td>400 *</td></tr>
<tr><td rowspan="2">2 800</td><td rowspan="2">—</td><td rowspan="2">—</td><td rowspan="2">—</td><td rowspan="2"></td><td rowspan="2"></td><td rowspan="2"></td><td>480</td><td>430</td><td>380</td></tr>
<tr><td>490 *</td><td>440 *</td><td>400 *</td></tr>
</table>

注:1. 表中(1)栏为舒适度优秀条件值,(2)栏为舒适度良好条件值,(3)栏为舒适度一般条件值;

2. * 号标志,表示为曲线设计超高 175 mm 时的取值。

3.1.4 两相邻缓和曲线间夹直线和圆曲线的最小长度

1. 理论计算

从理论上对列车平稳运行、旅客乘坐舒适所要求的夹直线和圆曲线的最小长度，通常以“列车在缓和曲线进出口（即夹直线或圆曲线的起终点，即 ZH、HY 点）产生的列车振动不产生叠加”为限制。实验表明，列车在缓和曲线进出口所产生的激挠振动通常在一个半至两个周期内基本衰减完，车辆振动周期约为 1.0 s，则夹直线或圆曲线最小长度为：

$$L \geqslant \frac{(1.5 \sim 2.0) \cdot T \cdot v_{max}}{3.6} \tag{3.25}$$

式中 L——夹直线或圆曲线最小长度，m；

T——车辆振动周期，s。

《京沪暂规》按两个周期计，则为：

$$L = \frac{2 \times 1.0 \times v_{max}}{3.6} = 0.55 v_{max} \tag{3.26}$$

根据《高速铁路设计规范（试行）》，相邻两曲线间的夹直线和两缓和曲线间的圆曲线最小长度根据下列公式计算确定：

一般条件下：$L \geqslant 0.8\,v$

困难条件下：$L \geqslant 0.6\,v$

式中 L——夹直线或圆曲线长度，m；

v——设计速度数值，km/h。

2. 夹直线、圆曲线最小长

夹直线、圆曲线最小长度见表 3.10。

表 3.10 夹直线、圆曲线最小长度

设计行车速度(km/h)	250	300	350
圆曲线或夹直线最小长度(m)	200(150)	240(180)	280(210)

注：括号内为困难条件下采用的最小值。

3. 圆曲线最小偏角

线路平面设计中，遇到折线小偏角时，需要检算小偏角能否满足最小曲线长度和所设缓和曲线长度。最小偏角的计算式为：

$$\alpha_{min} = \frac{180(l + L_{min})}{\pi R} \tag{3.27}$$

式中 α_{min}——最小圆曲线偏角，°；

l ——缓和曲线和长度，m；

L_{min} ——最小圆线曲长度，m。

计算的对应于最小圆曲线长度的偏角见表 3.11、表 3.12。

表 3.11 对应于最小圆曲线长度的偏角（ v_{max} =350 km/h）

R(m)	l(m)			L_{min}(m)		α_{min}					
	良好	一般	困难	一般	困难	良 好		一 般		困 难	
	a	b	c	a	b	$a+a$	$a+b$	$b+a$	$b+b$	$c+a$	$c+b$
14 000	250	210	160	280	210	2°18′	1°53′	2°04′	1°43′	1°48′	1°31′
13 000	290	240	200	280	210	2°31′	2°12′	2°17′	1°59′	2°07′	2°07′
12 000	330	270	210	280	210	2°55′	2°35′	2°38′	2°17′	2°20′	2°01′
11 000	370	300	240	280	210	3°23′	3°01′	3°01′	2°40′	2°43′	2°21′
10 000	410	330	270	280	210	3°58′	3°33′	3°30′	3°06′	3°09′	2°45′
9 000	480	400	320	280	210	4°50′	4°23′	4°20′	3°53′	3°49′	3°23′
8 000	580	480	380	280	210	6°04′	5°04′	5°27′	4°56′	4°44′	4°14′
7 000	660	540	440	280	210	7°42′	7°07′	6°43′	6°08′	5°54′	5°19′
6 000	700	560	480	280	210	9°22′	8°41′	8°02′	7°22′	7°16′	6°35′
5 500	700	560	480	280	210	10°13′	9°29′	8°46′	8°09′	7°55′	7°11′
5 000		620	510	270	200			10°12′	9°24′	8°55′	8°08′
4 500		570	480	260	190			10°34′	9°41′	9°26′	8°32′
4 000		520	450	240	180			10°53′	10°02′	9°53′	9°02′
3 500		480	420	220	170			11°28′	10°39′	10°29′	9°40′
3 000		430	350	210	160			12°14′	11°16′	10°42′	9°45′
2 500		390	320	190	150			13°18′	12°23′	11°41′	10°47′
2 000		350	290	170	130			14°54′	13°43′	13°11′	12°02′
1 500		300	250	150	110			17°12′	15°40′	15°17′	13°46′
1 000		250	190	120	90			21°13′	19°29′	18°20′	16°03′

表 3.12 对应于最小圆曲线长度的偏角（ v_{max} =250 km/h）

R(m)	l(m)			L_{min}(m)		α_{min}					
	良好	一般	困难	一般	困难	良 好		一 般		困 难	
	a	b	c	a	b	$a+a$	$a+b$	$b+a$	$b+b$	$c+a$	$c+b$
12 000	110	90	80	200	150	1°29′	1°14′	1°23′	1°09′	1°20′	1°06′

续上表

R(m)	l (m)			L_{min} (m)		α_{min}					
	良好	一般	困难	一般	困难	良 好		一 般		困 难	
	a	b	c	a	b	a+a	a+b	b+a	b+b	c+a	c+b
11 000	130	100	90	200	150	1°43′	1°28′	1°34′	1°18′	1°31′	1°15′
10 000	150	120	100	200	150	2°00′	1°43′	1°50′	1°33′	1°43′	1°26′
9 000	170	140	120	200	150	2°22′	2°02′	2°10′	1°51′	2°02′	1°43′
8 000	190	160	140	200	150	2°47′	2°26′	2°35′	2°13′	2°15′	2°05′
7 000	210	180	160	200	150	3°22′	2°57′	3°07′	2°42′	2°57′	2°32′
6 500	240	200	180	200	150	3°53′	3°26′	3°32′	3°05′	3°21′	2°55′
6 000	270	230	200	200	150	4°29′	4°01′	4°07′	3°38′	3°49′	3°20′
5 500	300	260	220	200	150	5°13′	4°41′	4°47′	4°16′	4°23′	3°52′
5 000	360	280	240	200	150	6°05′	5°30′	5°30′	4°56′	5°02′	4°28′
4 500	360	300	260	200	150	7°08′	6°30′	6°22′	5°44′	5°52′	5°13′
4 000	390	320	280	200	150	8°28′	7°44′	7°27′	6°44′	6°53′	6°10′
3 500	420	340	320	200	150	10°09′	9°20′	8°50′	8°02′	8°31′	7°42′
3 000		360	320	200	150			10°42′	9°45′	9°56′	8°59′
2 500		350	300	190	140			12°23′	11°14′	11°14′	10°05′
2 000		330	280	170	130			14°20′	13°11′	12°54′	11°45′
1 800		310	260	160	120			14°58′	13°41′	13°23′	12°06′
1 600		280	240	150	120			15°25′	14°20′	13°58′	12°54′
1 500		280	240	150	110			16°26′	14°54′	14°54′	13°23′
1 200		220	200	130	100			16°43′	15°17′	15°46′	14°20′
1 000		200	180	120	90			18°20′	16°37′	17°12′	15°29′

3.1.5 曲线与道岔、桥梁、隧道的连接

1. 曲线与道岔连接

列车通过道岔，由于尖轨和辙岔心与区间正线钢轨构造上有所不同，也会产生列车的震动。因此，如考虑缓直点(HZ)与车站最外道岔的震动不叠加，同样要考虑隔开直线段。道岔基本轨接缝至缓直点的最小直线段长度，对通过列车而言，应与两曲线最小直线长度相同。

根据《高速铁路设计规范(试行)》，正线上缓和曲线与道岔间的直线段长度应根

据下列公式计算确定，并应符合表 3.13 的规定。

一般条件下：　　$L \geqslant 0.6\,v$

困难条件下：　　$L \geqslant 0.5\,v$

式中　L——夹直线长度，m；

　　v——设计速度数值，km/h。

表 3.13　正线缓和曲线与道岔间的直线段最小长度

设计行车速度(km/h)	250	300	350
圆曲线或夹直线最小长度(m)	150(120)	180(150)	210(170)

注：括号内为困难条件下采用的最小值。

但车站咽喉一般情况道岔多于 1 组，道岔间的震动叠加难以避免，且受站坪长度控制，平面条件困难，故可按 1～1.5/s 震动周期考虑，则直线长度为 0.3～0.4 v。困难条件，按一节车不同时跨越缓直点和道岔尖轨不应小于 30 m，以停车为主的车站，v 可用道岔侧向通过允许速度计，但缓直点至道岔前端的距离亦不应小于 30 m。

2. 曲线与桥梁、隧道连接

桥台刚度和隧道内线路刚度与区间路基线路刚度不同，有条件时曲线头尾至桥台或隧道口应按夹直线长度设直线段。一般情况和困难条件时该直线段长度应大于桥台后路基过渡段或隧道口轨枕过渡段长度，并不应小于 30 m。

道岔前端距桥台或隧道口距离应大于或等于台后路基过渡段或隧道口轨枕过渡段长度。

一般桥梁及高架线路的平面技术参数与线路平面相同，连续梁、钢梁及较大跨度桥梁一般宜设在直线上。缓和曲线和圆曲线可以跨越桥台及台后过渡段设置。

隧道宜设在直线上，如因地形、地质等条件限制可设在曲线上，但不宜设在反向曲线上。

3.1.6　车站正线平面

1. 中间站和越行站正线平面

高速铁路旅客列车开行方案以阶梯直达列车为主。对中间站和越行站而言，绝大部分均为通过列车，为使通过列车不减速通过车站，中间站和越行站应尽可能设在直线上。这些车站内的正线应与区间正线标准等同对待。这一点，对高速铁路平面设计是非常重要的。只有遇特殊困难时，才能考虑做曲线车站方案的技术经济比较，根据比较结果如采用曲线车站方案，其取得的价值应大于所有通过旅客列车延误运行时间的损失。曲线车站因旅客列车到发线较短，一般均不可能用大半径的曲线，通过列车均需减速。故曲线车站的曲线半径大小取决于考虑减速的程度。

合理确定曲线中间站、越行站的曲线半径，宜从以下两种情况研究：

（1）不延长到发线有效长时，即曲线半径受到发线有效长 650 m 控制。与小偏角曲线组合的曲线半径，即 2 条缓和曲线长度加最小圆曲线长度不大于 650 m 时，相对应的偏角和曲线半径。此情况下，缓和曲线及最小圆曲线长度均采用“困难”条件值。

表 3.14　曲线车站设计参数

车站	设计参数	不延长有效长			正线有效长 800 m			正线有效长 860 m		
		v_{max} = 350 km/h	v_{max} = 250 km/h	v_{max} = 200 km/h	v_{max} = 350 km/h	v_{max} = 250 km/h	v_{max} = 200 km/h	v_{max} = 350 km/h	v_{max} = 250 km/h	v_{max} = 200 km/h
不限速车站	偏角	≤2°	≤4°	≤10°19′	≤2°45′	≤8°59′		≤3°23′		
	半径(m)	≥12 000	≥5 000	≥2 000	≥10 000	≥3 000		≥9 000		
	允许速度	不限速	不限速	不限速	不限速	不限速		不限速		
限速车站	偏角	≥13°46′	≥12°06′	≥10°50′	≥10°47′			≥9°45′		
	半径(m)	≤1 500	≤1 800	≤1 800	≤2 500			≤3 000		
	允许速度	≤181	≤199	≤199	≤234			≤277		

从表 3.14 不难看出：v_{max} =350 km/h 当偏角≤2°，相应半径≥12 000 m，相应允许速度为 350 km/h；当偏角≥13°46′，相应半径为≤1 500 m，相应允许速度≤181 km/h。

v_{max} =250 km/h 当偏角≤4°，相应半径≥5 000 m，相应允许速度为 250 km/h。当偏角≥12°06′，相应半径为≤1 800 m，相应允许速度≤199 km/h。

v_{max} =200 km/h 当偏角≤10°19′，相应半径≥2 000 m，相应允许速度为 200 km/h。

以上情况说明，350、250、200 km/h 曲线车站的偏角如分别为≤2°、≤4°、≤10°时，站内正线半径可采用大于区间最小曲线半径，列车通过此等曲线车站可以不限速。但偏角一旦大于上述最小偏角时，曲线半径大为减小，通过列车需相应降低速度。

（2）适当延长到发线有效长时，为使较大偏角的曲线车站采用较大曲线半径，以减少通过列车的降速，在工程条件适合时，可适当延长到发线有效长。有效长至少延长 150 m 才能有作用。故按延长 150 m 和 200 m 考虑。对于岛式车站或一侧到发线数量在 2 条以上的车站，曲线长度仅受正线控制，而这些车站的正线有效长实际上均大于到发线有效长 650 m。因此，实际的延长度要视各站布置而定，亦即要求正线有效长为 800 m 或 850 m. 而到发线有效长必然小于正线有效长。采取适当延长有效长措施可相应加大曲线车站的曲线半径。

以上两种情况曲线车站设计参考数见表 3. 14。

从表 3. 14 可分析得出以下意见：

(1)采用小偏角、大曲线半径的曲线车站，列车可不限速通过，如必须设曲线车站，宜尽量采用此种类型。

(2)对于运营速度为 300 km/h、基础设施预留 350 km/h 条件的曲线车站，如偏角较大，在不延长有效长的情况下，限速 181 km/h，对区段速度影响太大。应采用适当延长有效长的措施。车站曲线半径应不小于 3 000 m，特别困难条件下，不应小于 2 500 m。

(3)对于时速为 250 km 线路的曲线车站，延长有效长作用不大；对于时速为 200 km线路的曲线车站，无必要延长有效长。

2. 绝大多数高速列车均需停站和全部为始发终到客运站的正线平面

一些位于大城市的高速客运站，由于客运量大和地位的重要，往往是所有高速列车均需停站，如日本的新高速大阪站、法国的里昂高速站，几乎所有高速列车全部停站。我国京沪高速铁路的南京南、济南西、天津西高速站为省会和直辖市所在的特大城市车站，高速列车可能均需停站，只有很少数的通过高速列车。这些车站就对高速列车速度的影响而言，与始发终到站基本上是同一类型的。这些车站的正线平面，同样应尽可能为直线。如果必须设于曲线上时，其曲线半径自然是越大越好。当受各种条件限制，结合工程情况，特别困难时，站内正线曲线半径不应小于1 000 m。

这些车站由于在大城市内，地形地貌十分困难，受车站区域条件限制，往往造成进出站引线无法采用较大曲线半径，而限制了通过列车速度。如南京南、济南西、天津西均因受城市建筑、既有铁路、跨越长江、黄河等条件影响，进站引线均只能采用较小曲线半径。在此情况下，即使车站位于直线上，通过车站的列车本身所受站外线路条件限制而必须减速。因此，如为曲线车站，站内正线曲线半径宜与站外线路协调。以不小于站外曲线半径为宜。

3. 设置曲线车站的有关问题

(1)中间站、越行站由于分布广、数量多，通过列车多，对高速列车运行影响大，因此曲线车站的半径要求尽量放大，中间站比大型客站要求高。大型客站数量少、通过列车甚少或没有，而工程条件往往比较复杂困难，因而曲线车站半径的选择，着重从工程角度考虑。

(2)曲线车站由于受曲线半径、最小缓和曲线长度和最小圆曲线长度的组合要求而限制了偏角的选用。但是偏角大小还须从地形条件、线路走向考虑，而可能产生矛盾。只能尽量选用允许的偏角与地形相结合，并宜首选小偏角。

(3)不得设在反向曲线。

(4)道岔紧密相连的咽喉区和区间道岔、渡线应放在直线上。

3.2 线路纵断面

3.2.1 区间正线最大坡度

普通铁路区间正线限制坡度，根据线路等级、地形条件等有了一般的规定，设计中尚须考虑牵引质量、单双机牵引和输送能力的关系。高速铁路主要运行旅客列车，机车牵引功率大，牵引质量轻。即使运行货物列车，其牵引质量与客车相当，是不同于普通铁路的一种轻快货物列车。我国在相当长时间内都沿既有繁忙干线建设高速铁路，新建高速铁路正常运营时可不考虑兼容货物列车，货运可继续由既有线完成。因此高速线路与普通线路的最大坡度各有不同的要求。高速铁路主要考虑速度影响以及工程的普遍原则——经济合理。

1. 坡度与速度、牵引动力的关系

坡道附加阻力值与坡度大小成正比。机车车辆的单位坡道附加阻力 w_1，等于坡道坡度值，$w_1=i$（i 为坡道坡度‰）。旅客列车在长大上坡道运行，速度也将下降。从牵引计算中的速度曲线或仿真模拟运行可以清楚地看出列车减速情况。

因此，高速线的列车平均运行速度既受平面条件影响也受纵断面条件影响。

纵断面对速度影响随不同种类列车而异。我国今后高速铁路运行的旅客列车，将有高速列车、较短途的跨线城际间动车组、还有较长途跨线的中速列车。高速列车和动车组编挂辆数少、牵引质量轻、牵引功率大，在长大坡道运行对速度影响很少，基本上没有影响。如法国东南线 TGV-PSE 列车，牵引总功率 6 800 kW、编挂 2M+8T 定员 367 人、牵引质量 418 t，在 35‰的上坡道运行，速度仍接近达 270 km/h，平均每定员牵引功率达 18.5 kW。但中速列车平均每定员牵引功率仅为 2～2.5 kW，在长大上坡道运行，速度急剧下降，由此还将影响线路的输送能力。因此，我国的高速铁路如不能避免中速列车运行，输送能力则将受中速列车控制。

在平原地区，线路纵坡大多数为缓坡，只是在受净空控制高度的桥头附近可能须用较大坡度，全线多为起伏坡，即“凸”形或“凹”形坡。因此，最大坡度的选择，要综合研究牵引动力与速度、坡度的合理组合。大坡度在丘陵、山区可以减少工程，但须加大牵引动力，加大牵引动力将增加机车购置费和增加运营时的能耗费用。如法国东南高速线采用 35‰的最大坡度，虽然节省了大量工程费，成为世界各国工程造价最低的一条高速铁路。但其机车车辆购置费高达接近于工程总造价，约为工程造价的 90%，若在长大坡道上保持最高运行速度亦并非经济合理。因此，最大坡度的选择，要综合研究牵引动力与速度、坡度的合理组合。

2. 坡度与地形

地形条件是选择最大坡度的主要因素。一般来说，选择适合地形条件的最大坡度可以减少工程造价。

平原地区坡度大小对工程造价的影响不大，如京沪高速铁路宁沪段曾对 8‰、12‰、15‰和 20‰最大坡度的工程做经济比较。其结果，四种不同坡度的工程造价差别为：8‰比 12‰增加工程费 1.22 亿元，15‰、20‰分别比 12‰减少 0.25 亿元和 0.27 亿元，15‰和 20‰比 12‰的投资差额不及总造价的 0.5%。

丘陵和低山区采用不同坡度将明显影响工程造价。如法国东南线采用 35‰大坡，线路顺低山地形起伏爬行，没有出现一座隧道，桥梁也只占全线长的 2.8%，消除了大量桥隧工程。其纵断面设计是成功的一例。高速铁路曲线半径大，在丘陵或低山区很难以展线方式求取减少桥隧工程。

3. 我国高速铁路最大坡度的选择

根据《高速铁路设计规范(试行)》规定：正线最大坡度应根据牵引种类和工程情况，经牵引计算检算并经过比选确定。最大坡度不大于 20‰；困难条件下，经技术经济比较，不应大于 30‰。动车组走行最大坡度不应大于 35‰。

4. 曲线附加阻力减缓

普通铁路为了保证满轴货物列车在任何地段都能以不低于计算速度运行，当曲线位于或接近限制坡度的坡道上，应考虑曲线阻力减缓。单位曲线阻力减缓值的计算式：

$$\Delta i_r = \frac{600}{R} \quad (\text{曲线长度} \geqslant \text{货物列车长度时}) \tag{3.28}$$

$$\Delta i_r = 10.5\frac{\sum \frac{\alpha}{l}}{R} \quad (\text{曲线长度} < \text{货物列车长度时}) \tag{3.29}$$

式中　Δi_r——单位曲线阻力减缓值；

R——曲线半径，m；

600——经验常数；

α——曲线中心角，°；

l——曲线长度。

可见曲线阻力减缓是针对货物列车运行的线路，高速铁路正常情况时不运行货物列车，故可不考虑此项减缓。

按中国铁道科学研究院的研究，高速铁路高速旅客列车单位曲线减缓值的估算值为：ω_r(曲线减缓值)＝2 000/R。按最小曲线半径 7 000 m 计算的减缓值，当在 12‰的上坡道、尚不到总阻力的 1%，显然占总阻力的比重很小。

从国外高速铁路情况看，日本东海道新干线当初因按客货混运设计，考虑了曲线阻力减缓值。但开通后取消了货运业务。此后其余新建高速客运干线均不考虑曲线阻力减缓。德国高速铁路虽为客货混运，但亦未见曲线阻力减缓的有关规定。法国高速客运铁路亦无曲线阻力减缓的规定。

综上分析，高速客运铁路不考虑曲线附加阻力减缓。

4. 隧道内线路坡度折减

列车进入隧道，机车头部受到突然增加的压力，随列车前进而减少，此后列车侧壁空气阻力增加。为此，普通铁路为了保证货物列车在隧道内能以按牵引规范规定的不低于机车技术速度加 5 km/h 的速度运行，因此要考虑隧道内坡度的折减系数。高速铁路的高、中速旅客列车，机车功率大，牵引质量低，且隧道断面积比普通铁路隧道约大 50%，因此，高速铁路不考虑隧道内线路坡度折减。

3.2.2 最小坡段长度允许值

1. 根据已收集到的电动车组资料分析最大坡段长度

(1)电动车组性能

①电动车组性能及适应性分析

提高列车速度须通过提高列车单位质量牵引功率或系统地降低列车质量来实现。在高速铁路上运行最高速度为 250 km/h、200 km/h 的动车组列车，列车总重分别为 768 t、1 080 t，根据对国内外高速列车研究分析，结合电动车组的现状及发展，速度为 200 km/h 的列车最大功率为 14 400 kW，单位质量牵引功率为 13.33 kW/t；速度为 350 km/h 的列车最大功率为 21 120 kW，单位质量牵引功率为 27.5 kW/t。

②速度与坡度的适应性分析

在列车运行过程中，列车牵引功率必须满足牵引时起动加速能力及最高速度目标值时剩余加速度的要求，不同高速列车的阻力和牵引质量不同对功率要求也有差异，表 3.15 是给定功率下列车速度与坡度适应情况分析。

表 3.15 列车速度与坡度适应情况分析表

动车组类型	单位质量牵引功率(kW/t)	速度值(km/h)	基本阻力(N/kN)	牵引力(N/kN)	剩余牵引力(N/kN)	平坡上运行剩余加速度(m/s^2)	保持匀速运行的坡道值(‰)
200 km/h	13.3	200	7.37	20.52	13.15	0.13	13.15
		180	6.29	22.80	16.51	0.17	16.51
		160	5.32	25.65	20.33	0.20	20.33

注：功率利用系数采用 0.95，牵引力使用系数采用 0.9，暂不考虑曲线以及隧道附加阻力的影响。

由上表可见，最高时速 200 km 的列车在 20‰的坡道上能以速度为 160 km/h 匀速运行。

(2)在最大坡度进行运行模拟计算

对最高速度为 200 km/h 的动车组列车，在 20‰的坡道上进行运行模拟计算，结果为：在 20‰的坡道上以初始速度 180 km/h 开始运行，经过 20 km 后速度为 166 km/h，速度降低不到 10%。综上分析，对最大坡段长度可不作限制。

2. 最小坡段长度的确定

根据普通铁路对列车通过变坡点纵向力的计算和试验。在列车重量相当于到发线有效长 1050 m 及其以下时，在由最大坡度差组成的凸凹形纵断面上，列车的最大纵向力均不超限，不致产生断钩或挤钩，运行是安全的。普通铁路规定的最小坡段长度按有效长 1 050 m 的 1/3 长度，即 400 m，短于有效长 1 050 m 的线路，尚可缩短；高速铁路运行旅客列车，因此不论坡段长短，列车运行都是安全的。但列车经过变坡点时会产生附加力和附加加速度。考虑行车平稳和旅客舒适性要求，设计坡度采用大于一个列车长度以上的长坡段较为理想。

根据《高速铁路设计规范(试行)》规定：高速铁路正线宜设计为较长的坡段，最小坡段长度应符合表 3.16 的规定。一般条件的最小坡段长度不宜连续采用。困难条件的最小坡段长度不得连续采用。

表 3.16 最小坡段长度

设计行车速度(km/h)	250	300	350
一般条件(m)	1 200	1 200	2 000
困难条件(m)	900	900	900

注：困难条件的最小坡段长度需要进行技术经济比选，报部批准后方可。

设计中，最小坡段长度还应满足两竖曲线间应有 50 m 或至少 30 m 的间隔距离，特别困难时，两竖曲线应不重叠。竖曲线要素计算式为：

竖曲线切线长 T_{sh}

$$T_{sh} = \frac{R_{sh}\Delta i}{2\,000} \quad (\text{m}) \tag{3.30}$$

式中 R_{sh}——竖曲线半径，m；

Δi——坡度差的绝对值，‰。

竖曲线长度 K_{sh}

$$K_{sh} \approx 2T_{sh} \quad (\text{m}) \tag{3.31}$$

竖曲线纵距 Y

$$Y=\frac{X^2}{2R_{sh}}\quad (m) \tag{3.32}$$

式中　Y——切线上计算点至竖曲线起点的距离，m。

外矢距（变坡点处的纵距）E_{sh}

$$E_{sh}=\frac{T_{sh}^2}{2R_{sh}}\quad (m) \tag{3.33}$$

高速铁路竖曲线半径为25 000 m、20 000 m、15 000 m时，其T_{sh}分别为$12.5\Delta i$、$10\Delta i$、$7.5\Delta i$。

应使最小坡段长度$\geqslant T_{sh1}+T_{sh2}+50$ m（或30 m）；T_{sh1}、T_{sh2}分别为两条竖曲线的半长。

使用最小坡段长度，较易于适应地形自然起伏和线路各点的控制高程而能减少工程量。如图3.4所示，当A点为控制时，显然较短坡段l_1比较长坡段l_2能节省较大工程量。

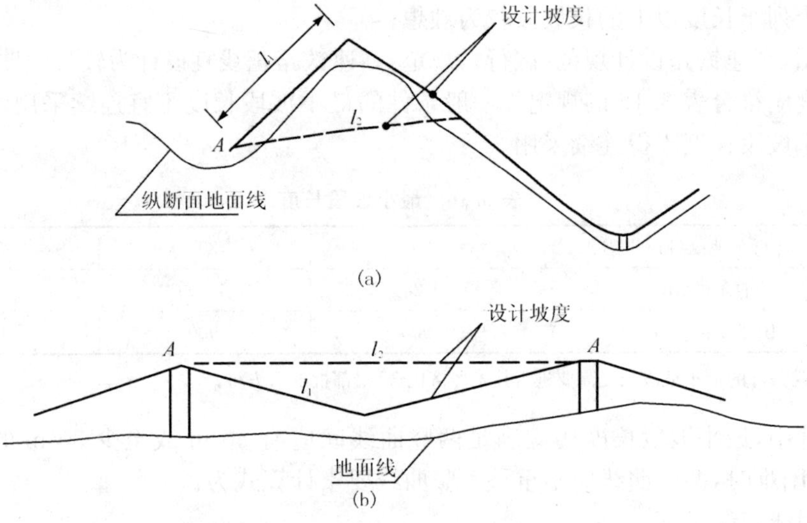

图3.4　短坡段l_1与长坡段l_2工程量示意图

当凸形纵断面位于曲线时，由于凸形变坡点竖曲线产生向上离心力而相应加大了水平方向未被平衡的加速度，相对增加了欠超高。在直线上列车频繁起伏运行，虽然比在曲线上情况要好，但因附加力和附加加速度的影响，也可能使旅客感到不适。因此，高速铁路纵断面设计，既要考虑工程量因素也要考虑旅客舒适性因素。在工程量相差甚少时，宜尽量设计为大于最小坡段长度的坡度。

3.2.3 竖曲线半径及相邻坡度代数差

1. 相邻坡度差值

普通铁路考虑货物列车在凹形或凸形纵断面时保证货物列车不挤钩脱轨和断钩，规定了允许的最大相邻坡度差值。高速铁路的相邻坡度差值可不受限制。

2. 竖曲线半径

为使列车在纵断面（纵向立面）上不以折线运行，同平面原理，折线应以竖曲线连接。高速铁路为保证行车安全和旅客舒适性要求，参照国外有关规定，时速不小于 160 km 的客运铁路，当相邻两坡段差≥1‰时，应采用圆曲线型的竖曲线连接。时速小于 160 km 的客运铁路，当相邻两坡度差≮3‰时，应以竖曲线连接。

竖曲线半径，取决于列车在竖曲线运行时所产生的竖向离心加速度。受此限制的竖曲线半径为：

$$R_{sh} \geqslant \frac{v^2}{(3.6)^2 a_{sh}} \tag{3.34}$$

式中 R_{sh}——竖曲线半径，m；

v——线路设计行车速度，km/h；

a_{sh}——离心加速度，m/s^2。

根据国外高速铁路的经验，为乘客舒适度允许的竖向离心加速度 α_{sh} 取值为 0.4 m/s^2，则竖曲线半径为 $R_{sh} \geqslant 0.2v_{max}^2$，见表 3.17。

表 3.17 竖曲线半径标准表

v(km/h)	350	300	250
R_{sh}(m)	25 000	25 000	20 000

日本和法国已建成的高速铁路竖曲线半径为 10 000 m、12 000 m、16 000 m。法国今后新线将用 21 000 m。而德国虽然规定 R_{sh} 大于 0.4 v^2，必要时不小于 0.25 v^2，但又规定在特殊情况下，凸形纵断面可用不小于 14 000 m，凹形纵断面可用不小于 12 000 m。参考国外情况，当困难条件，竖曲线半径可以适当减小，25 000 m标准减小到 20 000 m、20 000 m 标准减小到 16 000 m、15 000 m 标准减小到12 000 m。

根据《高速铁路设计规范（试行）》规定：正线相邻坡段的坡度差≥1‰时，应采用圆曲线连接，最小竖曲线半径应根据所处区段设计行车速度按表 3.18 选用，最大竖曲线半径不应大于 30 000 m。最小竖曲线长度不得小于 25 m。

表 3.18　最小竖曲线半径

设计行车速度(km/h)	250	300	350
最小竖曲线半径(m)	20 000	25 000	25 000

动车组走行线相邻坡段坡度差大于 3‰时设置圆曲线型竖曲线，竖曲线半径一般 5 000 m，困难条件 3 000 m。

理论上，线路纵断面直线与圆曲线的连接同平面情况应设纵向缓和曲线。但竖曲线半径比平面曲线半径大很多，运行条件比平面好，且因大半径曲线再设缓和曲线，难以保持线型，则竖曲线与直线坡连接无需设缓和曲线。

3.2.4　竖曲线与竖曲线、缓和曲线、圆曲线和道岔、桥梁、隧道的设置

1. 竖曲线与竖曲线设置条件

为养护和测设工作的准确性，竖曲线与竖曲线不应重叠设置，也不应相邻两竖曲线直接连接。如以下纵断面情况：

理论上两相邻竖曲线间，为了竖向震动不重叠，亦应同平面要求设最短夹直线。由于人体对竖向震动感觉轻于水平震动，且为避免对线路平纵断面设计有过多的苛刻条件而引起工程投资的增加，因此，两竖曲线间的坡道直线可不按平面夹直线要求设置。只考虑养护辨别线型要求和一辆车不跨两条竖曲线的要求。一般情况下，两竖曲线间的距离 D(如图 3.5 所示)可用 50 m，困难时可用 30 m。

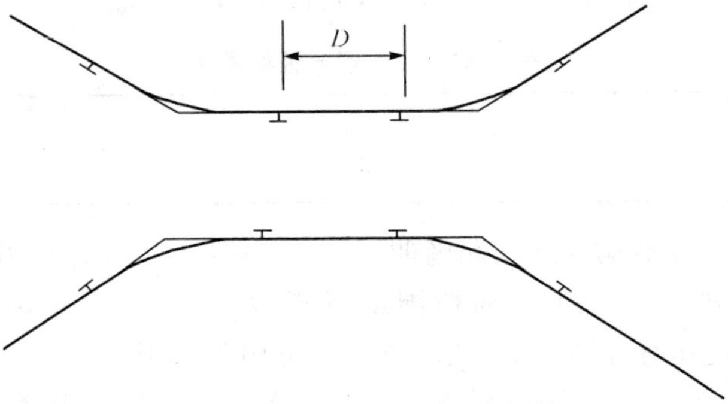

图 3.5　两竖曲线间的距离示意图

2. 竖曲线与缓和曲线设置条件

竖曲线与缓和曲线如果重叠设置，将造成缓和曲线平、立面线形不相适应，外轨叠加了竖曲线高度和超高。由于超高顺坡，既形成不了缓和曲线线形也形成不了竖曲线线形，如图 3.6 阴影部分为竖曲线变化高度与缓和曲线顺坡叠加，形成不规则纵

断面和恶化缓和曲线顺坡，这将影响轮轨作用、行车安全和旅客舒适度。因此，竖曲线在任何条件下均不应与缓和曲线重叠设置。

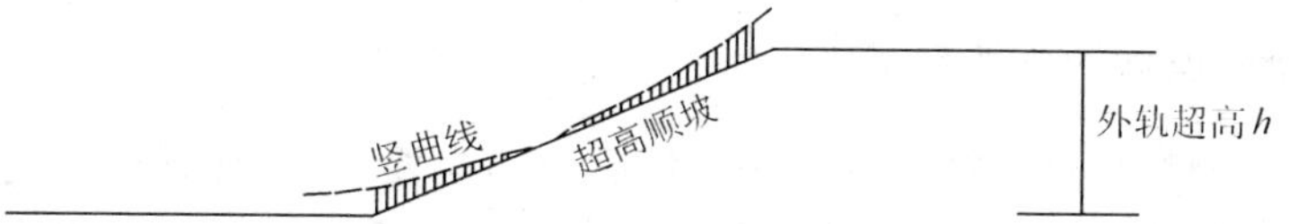

图 3.6　竖曲线变化高度与缓和曲线顺坡叠加示意图

3. 竖曲线与平面圆曲线重叠设置的条件

当列车运行在凸型竖曲线与平面圆曲线重叠设置的区段时，列车产生竖向离心加速度，减少了重力加速度对未被平衡水平方向离心加速度的抵消作用，相对加大横向未被平衡离心加速度，加大了列车运行时产生的欠超高，降低了旅客舒适度。竖曲线与圆曲线重叠设置，给轨面保持平顺性和养护维修带来困难。因此，竖曲线与平面圆曲线不宜重叠设置。

但是，如避免两者重叠设置，变坡点及竖曲线只能设在直线上，这对本来已很困难的高速铁路平面定线又增加了难度。从京沪高速铁路设计情况看，为避免两者重叠，均将引起工程投资的增加，不重叠段增加的工程投资平均约达 50%，一个不重叠处往往要增加工程投资千万元以上。也考虑到一般情况下，圆曲线长度较长，可达 1～3 km，而竖曲线长度很短，竖曲线对轨面的影响可在曲线范围内调整，以减轻其不利影响。因此为减少工程投资可以考虑竖曲线与圆曲线的重叠设置。一般情况下的设置条件为较大半径的竖曲线与大于等于最小半径的圆曲线重叠设置，即：

速度≥300 km/h，竖曲线半径 25 000 m，圆曲线半径≥7 000 m。

250 km/h≤速度<300 km/h，竖曲线半径 20 000 m，圆曲线半径≥3 500 m。

160 km/h≤速度<250 km/h，竖曲线半径 15 000 m，圆曲线半径≥2 200 m。

根据《高速铁路设计规范(试行)》规定：竖曲线与平面圆曲线不宜重叠设置，困难条件下，应符合表 3.19 的规定。

表 3.19　竖曲线与平面圆曲线重叠设置的曲线半径最小值

设计行车速度(km/h)		250	300	350
平面最小圆曲线半径(m)	有砟轨道	3 500	5 000	7 000
	无砟轨道	3 000	4 500	6 000
最小竖曲线半径(m)		20 000	25 000	25 000

在困难情况下，为了有利于减少工程投资，标准半径的竖曲线可以与小于各档速度的最小半径的圆曲线重叠设置。在特殊情况时，经过技术经济比较，可以采用较小档次半径的竖曲线与小半径圆曲线重叠设置。

3.2.5 纵断面设计的其他规定

高速铁路跨越公路、道路、既有普通铁路的净空要求，按现行有关规范规定办理。跨越高速线路的公路、道路和铁路等跨越建筑物应符合高速铁路限界规定要求。

高速铁路不采用明桥面桥梁，桥面为有砟轨道或无砟轨道的各类桥梁或高架线路的最大坡度，一般情况不宜大于12‰，必要时一般桥梁可设在大于12‰的坡道上。连续梁、钢梁及较大跨度梁的桥上纵断面如大于12‰时，应视桥梁技术的可能考虑最大坡度值。

隧道内线路纵断面为利于排水可视隧道长短、排水量情况设计为单面坡或双面坡，其坡度不宜小于3‰。

较长路堑地段线路纵坡不宜小于2‰。

在同一路基上的两条并行高速正线，其轨面高程宜设计为等高，曲线地段为内轨等高。高速多线并行区间及高速疏解线路的轨顶标高，根据需要具体确定，不宜全部等高。

复习思考题

1. 简述高速铁路建筑限界的规定。
2. 高速铁路曲线地段建筑限界的加宽值如何计算？
3. 简述高速铁路区间线路平面曲线半径选用规定。
4. 高速铁路缓和曲线线形有哪几类？长度如何确定？
5. 高速铁路曲线超高如何计算？夹直线和两缓和曲线间圆曲线最小长度如何计算？
6. 高速铁路区间正线最小坡度长度有何规定？
7. 高速铁路竖曲线半径如何选择和设置？

4 高速铁路轨道及道岔

4.1 正线轨道

轨道是由钢轨及轨下基础(轨枕、道床等)构成的一个整体结构,直接承受机车车辆荷载,并将其由钢轨经轨枕和道床传递于路基。高速铁路正线轨道还要承受更大的因不平顺而产生的冲击力和横向力。在荷载和力的作用下,轨道各组成部件均产生应力和变形,为使各部件的应力和变形不超过其允许值,必须选用符合要求的钢轨类型、轨枕类型及数量和道床厚度及材质等,使轨道在高速运营条件下,既有足够的强度、寿命,又符合我国国情要求,养护维修方便。

4.1.1 钢　轨

新建高速铁路线路钢轨应具有足够的强度、韧性、耐磨性、稳定性和平顺性,以期提供轨排垂向和横向足够的抗弯刚度,保证垂、横向轮轨荷载更均匀地分布到更多的轨枕,从而延缓轨道结构的积累变形,提高无缝线路的稳定性,减少轨道的养护维修工作量。因此钢轨类型应根据轨道振动、轮轨冲击、轮轨接触和钢轨纵向力的计算来确定。轨道振动计算结果表示,钢轨越重,轨道各部分的动挠度和振动加速度就越小;从轮轨冲击计算结果角度来看,钢轨越重冲击力越大;从钢轨纵向力分析,在列车荷载作用下,重型钢轨的动弯应力较小,有较多的强度储备来承受纵向力。

高速铁路的列车轴重较轻,且线路平顺性条件较好。所以,轮轨间的动载不会过大,60 kg/m 钢轨的横向、垂向刚度是可满足高速列车动弯应力的强度要求的。国外高速铁路基本上都是采用 60 kg/m 钢轨。综合上述分析,时速 300～350 km 高速铁路选用 60 kg/m 钢轨是适宜的。

60 kg/m 及以上的钢轨宜采用抗拉强度大于 880MPa 的钢轨,其尺寸允许偏差及平直角和扭曲允许值应符合相关规定。正线轨道应按一次铺设跨区间无缝线路设计,无缝线路轨道钢轨标准长度可为 100 m、50 m 或 25 m,且优先采用 100 m 长定尺轨,长钢轨长度宜为 250～500 m。一般来讲,客运专线钢轨应采用 100 m 定尺长、

60 kg/m无螺栓孔新钢轨，其质量应符合相关技术条件。

4.1.2 有砟轨道结构

1. 轨枕

时速 200 km 及以上速度的高速铁路均采用Ⅲ型预应力混凝土轨枕，轨枕长 2.6 m，高度×表面宽度为 230 mm×170 mm，每公里铺设 1 680 根(按轨枕中心间距 600 mm 的实际每公里为 1 667 根)。道岔亦铺设混凝土岔枕。

轨下垫板应采用静刚度为 50～70 kN/mm 的胶垫，垫板厚度 10 mm。

铺设混凝土地段应采用Ⅲ型弹性扣件，可不设轨道加强设备。

2. 道砟

(1)正线采用符合特级(300 km/h 及以上线路)和 TB/T2140《铁路碎石道砟》中一级道砟标准(≤250 km/h 线路)的碎石道床。上道前必须进行清洗。

(2)道床厚度（钢轨处轨枕底至路基面的厚度）：300 km/h 及以上速度的线路路堤、路堑均为 350 mm。200～250 km/h 速度的线路，土质路堤 300 mm、硬质岩石路堑 350 mm。道床各部尺寸如表 4.1。

表 4.1 道床各部尺寸

项 目	300km/h	≥200 km/h	附 注
道床顶面宽度(m)	3.6	3.5	
道床砟肩宽度(m)	0.5	0.45	曲线外侧均不加宽
道床边坡	1∶1.175	1∶1.75	
轨枕埋入道床深度(m)	0.18	0.18	

高速铁路由于道床置于级配碎石的路基基床表层的表面，不考虑设底砟。

时速 300 km 线路两正线间砟间距为：5.0－3.6＝1.4(m)，两线道床重叠0.46 m，道床边坡交会点至砟肩高 0.4 m，如图 4.1 所示。如两线砟肩连接填平，每个断面将增加 0.28 m^3 道砟。考虑增加数量较少，连接填平可增加道床整体刚度，也便于养护

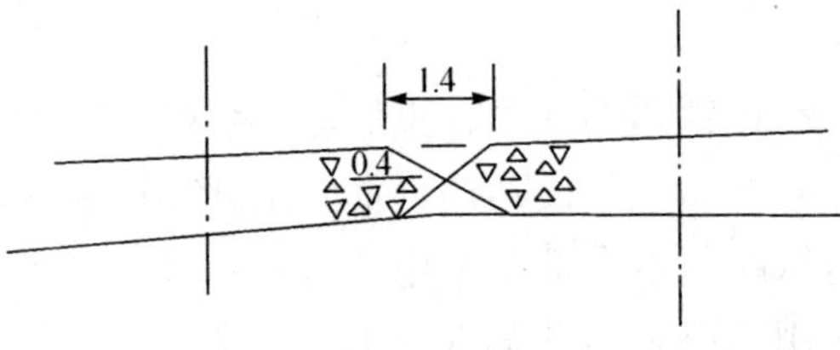

图 4.1 时速 300 km 线路两正线间砟间距示意图(单位：m)

维修工作。

(3)上部建筑构造

时速 300 km 线路上部建筑构造及路基面宽度如图 4.2、图 4.3 及图 4.4 所示。

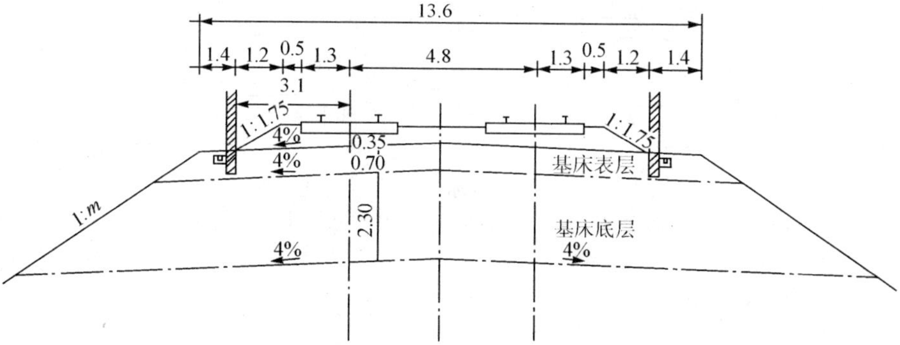

图 4.2　有砟轨道双线路堤标准横断面及路基面宽度示意图(单位:m)

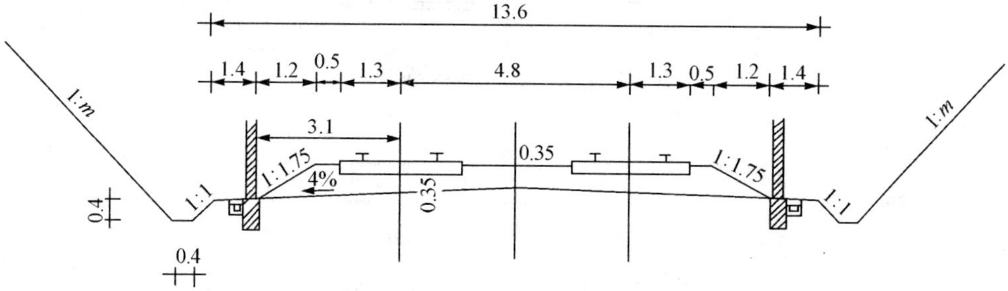

图 4.3　有砟轨道双线硬质岩石路堑横断面及路基面宽度示意图(单位:m)

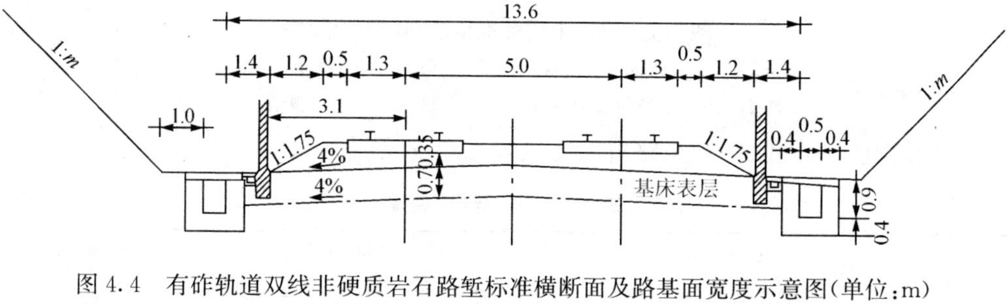

图 4.4　有砟轨道双线非硬质岩石路堑标准横断面及路基面宽度示意图(单位:m)

时速 200、250 km 线路的上部建筑构造及路基面宽度如图 4.5、图 4.6 及图 4.7 所示。

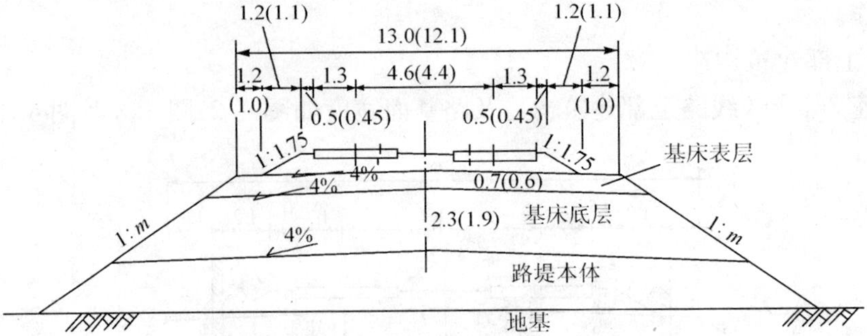

图 4.5　双线路堤标准横断面(单位:m)

注:图中括号内数为设计时速 v=200 km 采用的数值。

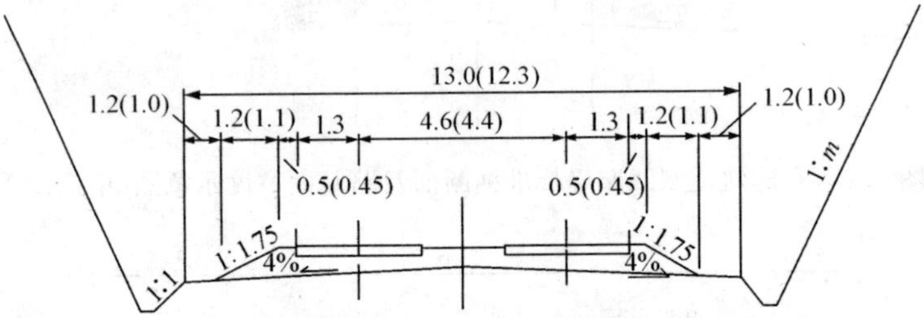

图 4.6　双线硬质岩石路堑标准横断面(单位:m)

注:图中括号内数为设计时速 v=200 km 采用的数值。

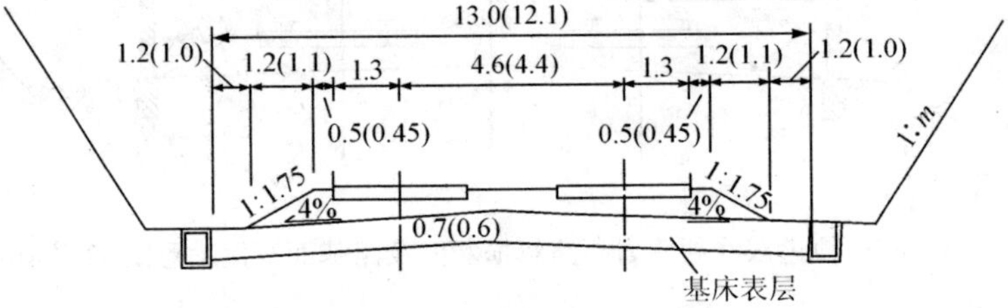

图 4.7　双线土质标准横断面(单位:m)

(适用于软质岩石、风化严重的硬质岩石及土质)

注:图中括号内数为设计时速 v=200 km 采用的数值。

路堤轨顶至砟底、轨顶至路肩高度见表 4.2。

表 4.2　上部结构高度

项　目	300 km/h	200、250 km/h
钢轨厚度(mm)	176	176
胶垫厚度(mm)	10	10
轨枕厚度(mm)	230	230
道床厚度(mm)	350	300

续上表

项　目	300 km/h	200、250 km/h
钢轨顶面至道床底(mm)	766	716
轨道中心轨顶至砟底(mm)	795	745
轨道中心道床底至路肩(mm)	160	160
轨道中心道床底至路肩(mm)	955	905

(4)桥梁上和隧道内道床厚度一般与正线标准相同,需要减震和降低噪声的桥面宜于道砟下铺设厚度为 25 m 的胶垫。砟肩至桥梁挡砟墙或至隧道边墙(或高侧水沟)间以道砟填平。

(5)有砟轨道平顺度铺设精度

按《时速 300～350 km 客运专线暂规》、《时速 200～250 km 客运专线暂规》和《高速铁路设计规范》线路有砟轨道平顺度铺设精度标准见表 4.3、表 4.4 和表 4.5。

表 4.3　时速 200 km 客运专线有砟轨道平顺度铺设精度标准

项　目	高低	轨向	水平	扭曲(6.25 m)	轨距
幅值(mm)	3	3	3	3	±2
弦长(m)	10				

表 4.4　时速 200 km＜v≤250 km 客运专线有砟轨道平顺度铺设精度标准

项　目	高低	轨向	水平	扭曲(6.25 m)	轨距
幅值(mm)	2	2	2	2	±2
弦长(m)	10				

表 4.5　时速 250 km 以上客运专线有砟轨道平顺度铺设精度标准

项　目	高低	轨向	水平	扭曲(6.25 m)	轨距
幅值(mm)	2	2	2	2	±1
弦长(m)	10				

4.1.3　无砟轨道结构

1. 无砟轨道主要技术特征和种类

有砟轨道和无砟轨道是高速铁路轨道结构的两种基本形式。

有砟轨道弹性条件好,在一定的维修质量条件下具有较好的轮轨接触效应,减振、降噪效果较好,维修较方便,造价相对较低。但有砟轨道稳定性条件较差,在列车动荷载作用下,轨道的平顺性容易受到破坏,高速行车时车轮横向压力较大而道床横向阻力较小，对无缝线路的稳定性要求较为不利。设计和施工时必须严格加强稳定性措施，如合理确定道床几何尺寸、选用优质道砟、优化道砟级配、刚性基础地段增设砟下弹性垫层或采用弹性轨枕，减少道砟粉化以及严格控制施工质量等。

无砟轨道整体性强，纵向、横向稳定性较好；虽然造价比有砟轨道高，但因大幅度减少维修工作量和维修成本，综合经济效益较好；由于高速行车安全目标和自动化程度高，行车密度大，每天运行时段（白天）除特殊故障外，不允许进行维修作业，无砟轨道对这一运输特点和要求的适应性较强；无砟轨道结构厚度比有砟轨道薄，有利于降低跨线点结构设计高程，可减轻桥梁上荷载约40%。缺点主要是刚度较大，轨道弹性较差，且振动、噪声较大。日本自东海道以后的新干线均以铺设无砟轨道为主，德国在经历过多年有砟轨道的高速运营后，也提出以无砟轨道为发展趋势的意向，并在目前的新建项目中全面实施。

在《京沪高速铁路设计暂行规定》国际咨询中，日本、德国咨询公司明确表示设计时速达300 km及以上的高速铁路采用无砟轨道结构较有砟轨道更具优越性；法国咨询公司对无砟轨道也未提出反对意见。但各国均突出强调轨下基础的稳定是铺设无砟轨道的基本条件。

根据无砟轨道结构特点及其对线下基础的设计要求，从我国无砟轨道研究的实际情况出发，在确保基础稳定的路基、桥梁、隧道等地段应采用无砟轨道。客运专线采用大型养护机械，考虑到轨道刚度的连续性及养护维修作业的方便，无砟轨道宜集中成段铺设。

我国目前研究提出了三种结构形式的无砟轨道：长枕埋入式无砟轨道、弹性支承块式无砟轨道、板式轨道。

2. 长枕埋入式无砟轨道

(1)结构形式

长轨枕埋入式无砟轨道主要由整体式混凝土枕（即穿孔混凝土枕）和现场浇注的混凝土道床组成。图4.8、图4.9分别为长枕埋入式无砟轨道在隧道和桥梁上的结构断面，图4.10为平面图。

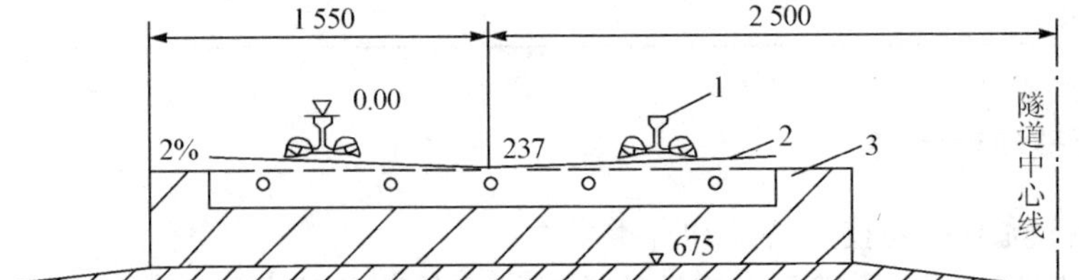

图4.8　隧道内长轨枕埋入式无砟轨道（单位：mm）

1—60 kg/m钢轨；2—穿孔混凝土枕；3—填充混凝土。

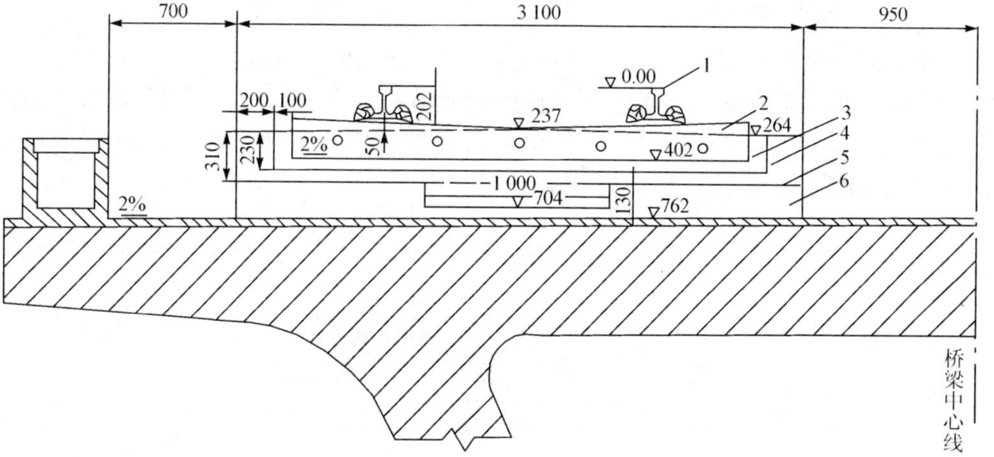

图 4.9　桥梁上长轨枕埋入式无砟轨道(单位:mm)

1—60 kg/m 钢轨;2—穿孔混凝土枕;3—填充混凝土;4—槽形板;5—隔离层;6—混凝土底座。

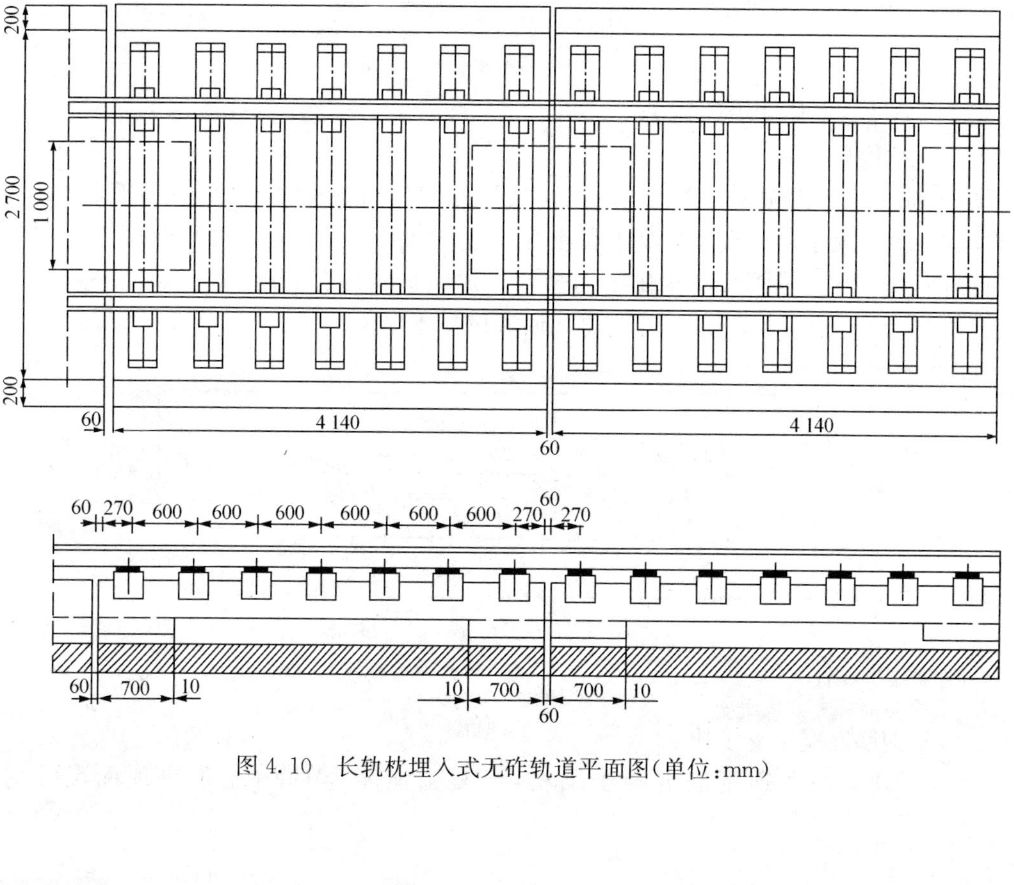

图 4.10　长轨枕埋入式无砟轨道平面图(单位:mm)

(2)穿孔混凝土轨枕

穿孔混凝土轨枕如图 4.11 所示,为长 2 500 mm、轨下截面高 200 mm、中间截面高 185 mm 的预应力钢筋混凝土枕。轨枕侧面留有 5 个 ϕ40 m 的孔洞,以便穿入纵向钢杆与混凝土道床牢固联结。轨枕两端预埋带丝扣的套管,以备利用调节螺栓调整轨道的高度。

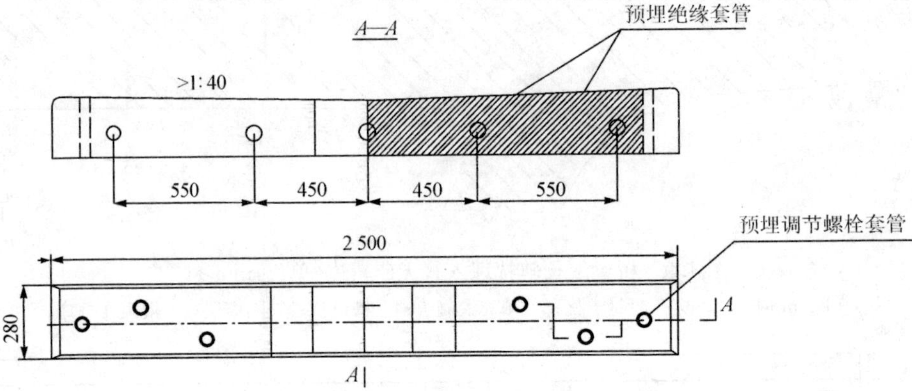

图 4.11　穿孔混凝土枕(单位:mm)

3. 弹性支承块式无砟轨道

(1)结构形式

弹性支承块式无砟轨道结构由钢轨及扣件、钢筋混凝土支承块、块下弹性垫层、橡胶靴套、混凝土道床板及混凝土底座等组成,如图 4.12 所示。弹性垫层为无砟轨道提供垂向弹性,橡胶靴套提供横向弹性。弹性垫层具有质地均匀、弹性一致等性能,使钢轨支承化一,受力均衡,轨道几何形位易于保持。

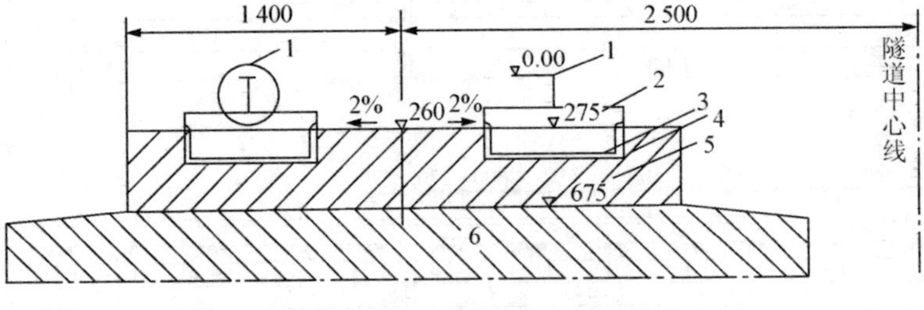

图 4.12　隧道内弹性支承块式无砟轨道(单位:mm)

1—60 kg/m 钢轨;2—钢筋混凝土支承块;3—块下胶垫;4—橡胶靴套;5—混凝土道床;6—混凝土底座。

(2)钢筋混凝土支承块

支承块采用普通钢筋混凝土结构,混凝土强度为 C50,支承块顶面尺寸为

624 mm×324 mm，底面尺寸为 600 mm× 290 mm，轨下截面高度为 200 mm。

(3)橡胶靴套

橡胶靴套是配合支承块使用，靴套的周围和底层厚度均为 7 mm。橡胶靴套的功能是缓冲列车横向荷载的冲击作用，故在其横向端面设有沟槽以产生弹件，底部不设沟槽，要求支承块橡胶靴套的静刚度为 140～165 kN/mm。

(4)块下胶垫

块下胶垫是放置在橡胶靴套之内支承块的下方，其平面尺寸为 596×284 mm，厚度 12 mm 。块下胶垫的上下表面均设有沟槽，以满足轨道弹性要求，块下垫层的静刚度为 95～110 kN/mm。

(5)混凝土道床板

混凝土道床板由弹件支承块和 C40 级填充混凝土组成。支承块中心距 600 mm，每 7～8 个支承间距作为一个道床板单元。道床板截面按设计要求配筋。

(6)混凝土底座

混凝土底座应与隧道仰拱或高架桥面上的预留钢筋连接并用同等级的混凝土使之灌注成一整体结构，其截面为 200 mm× 2 730 mm，按最小配筋率配筋。作为混凝土道床板的基础，为防止其纵横向移动，在混凝土底座两端的中部设有 1 000 mm × 700 mm×130 mm 的凹槽。混凝土底座可用以设置曲线超高。道床板与底座之间设隔离层，使道床板具有可修复性。

4. 板式轨道

(1)结构形式

板式轨道是在工厂或现场预制钢筋混凝土轨道板然后运至铺设现场，调整其高低和方向后，向板下灌注作为缓冲材料用的水泥沥青砂浆而制成。通过 CA 砂浆填层支承轨道板底面。当少量地基或结构物变形或沉降而引起板式轨道的变形时，一般可用钢轨扣件调整高低或轨向。当扣件调整不能满足要求必须作较大调整时，可用千斤顶等工具将轨道板抬起，在轨道板与 CA 砂浆垫层之间根据需要灌注填充材料。

(2)轨道板

轨道板结构依据设计荷载弯矩采用双层双向配筋。其外形尺寸为 4 930 mm× 2 400 mm×190 mm 。每一标准长 25 m 的钢轨配置 5 块轨道板，板间留有 70 mm 的调整缝和伸缩缝。每块上布置 9 个扣件节点，间距为 556 mm，在轨道板两端留有半径为300 mm的半圆缺口，以与设置在混凝土基床上的凸形挡台嵌合，以阻止轨道板的纵横向移动。

(3)混凝土基床

混凝土基床是轨道板的基础，并使轨道板和混凝土基床之间的水泥沥青砂浆层具有均匀厚度，获得轨道的均匀弹性。混凝土基床还作为曲线超高设置。

混凝土基床上设置了半径为 250 mm、高为 250 mm 的混凝土凸形的圆柱式挡台。

4.2 站线轨道及道岔

4.2.1 站线轨道

车站到发线应满足一次铺设跨区间无缝线路的要求，其轨道结构类型在站台范围内宜采用混凝土宽枕或无砟轨道。正线为无砟轨道时，与正线相邻的两条到发线宜采用无砟轨道，其他可采用混凝土宽枕的有砟轨道。高架车站或站台范围设架空层的车站到发线区段采用无砟轨道。道岔区应根据道岔的类型优先选用配套的混凝土岔枕。

高速铁路车站的站线可分为两类：供接发旅客列车使用的到发线；办理如进出段作业、检修存车作业等的其他线路。站线有砟轨道结构应根据各类站线的用途按下列标准确定：

(1)到发线应铺设 60 kg /m 无螺栓孔新钢轨；其他站线铺设 50 kg /m 钢轨。

(2)到发线应采用混凝土轨枕，每公里铺设 1 667 根；铺设混凝土宽枕时，每公里铺设 1 760 根。其他站线每公里铺设 1 440 根。

(3)站线应铺设碎石道床。到发线采用一级碎石道砟，道床边坡应为 1∶1.75，道床顶宽应采用 3.4 m，道床厚度应为 0.35 m。其他站线道床边坡应为 1∶1.5，道床顶宽应采用 2.9 m，道床厚度应为 0.25 m。

(4)站线混凝土轨枕宜采用弹条Ⅱ型扣件。

有、无砟轨道结构过渡段应满足下列要求：

(1)无砟轨道结构的底座或支承层应从过渡点开始向有砟轨道延伸长度不应小于10 m，同时应符合有砟轨道区段最小道床厚度的要求。

(2)过渡段无砟轨道一定范围内，应保证轨道板或道床板与支承层的可靠连接。

(3)过渡段应设置 60 kg/m 的辅助轨及配套扣件，辅助轨长度 25 m(其中无砟轨道内约 5 m，有砟轨道内约 20 m)。辅助轨的设置不应影响大型养路机械维修作业。

(4)过渡段范围的轨道刚度应按分级过渡设计。

(5)过渡段有砟轨道一定范围可采用道砟胶对碎石道床不同部位进行粘结。

4.2.2 道岔及连接

1. 道岔号码的选用

(1)国外高速铁路道岔号码的选用概况

①法国高速铁路使用的道岔号码

a. 用于进站停车(到发线与正线连接)的道岔为15.3号,侧向最高通过速度为80 km/h。

b. 用于区间渡线,该渡线为"天窗"维修时间组织不间断行车服务。这种渡线使用的道岔为46号,其侧向最高通过速度为160 km/h(经局部改进后,侧向通过最高速度已达170 km/h)。

c. 用于区间出岔,衔接两条高速铁路的道岔为65号,其侧向通过最高速度为220 km/h。

高速铁路所有正线上的道岔其直向通过允许速度均要求达到该线设计最高速度。法国高速铁路使用道岔见表4.6。

表4.6　法国高速铁路道岔

道岔号码	15.3	30	46	46	65	65
平面线型	圆曲线	圆曲线	三次抛物线	三次抛物线接圆曲线		
导曲线半径(m)	820	3000～∞	3000～∞	3550～∞	6720～∞	7350～∞
道岔全长(m)		102.06	136.895	136.743	193.425	193.716
侧向允许速度(km/h)	80	160	160	170	220	230
最大欠超高 h_q(mm)		97.4	93	93	85	85
超高时变率(mm/s)			33	39	30	35

②日本高速铁路使用的道岔号码

a. 用于进站停车,正线与到发线连接的道岔为18号。

b. 用于车站或区间渡线的道岔为16号(东海道新干线)或18号(山阳及以后建的新干线)。

c. 东京站限速55 km/h区段使用14号道岔。

d. 进入维修工区的出岔处使用12号道岔。

日本新干线道岔主要性能见表4.7,道岔使用示意图如图4.13所示。

表4.7　新干线道岔主要性能

型　号	9	12	14	16	18
辙叉角	6°22′	4°66′	4°05′	3°34.5′	3°11′
导曲线半径(m)	202	516	683	816	1 106
道岔全长(mm)	29 978	52 640	51 827	66 276±62.5	71 339

续上表

型　号		9	12	14	16	18
道岔前端长(mm)		14 227	24 436	27 049	29 325	32 885
道岔后端长(mm)		15 751	28 004	24 779	36 951.5±62.5	38 454
辙叉结构		固定	岔尖可动	固定	岔尖可动	岔尖可动
道岔允许通过速度(km/h)	v_1	35～40	60～65	65～75	75～85	85～95
	v_2	40	55	60	65	70

注：v_1 为考虑欠超高量绝对值的情况下；v_2 为考虑旅客乘坐舒适度的情况下。

③德国高速铁路实用的道岔号码

a. 用于进站停车到发线与正线连接的道岔为18.5号。要求通过侧股的速度较高时，采用26.5号，这可能是由于德国高速铁路客货列车共线运行，且允许作为两条单线使用，其闭塞区段（分界点间）的距离约7 km，便于客货列车以较高速度越行。

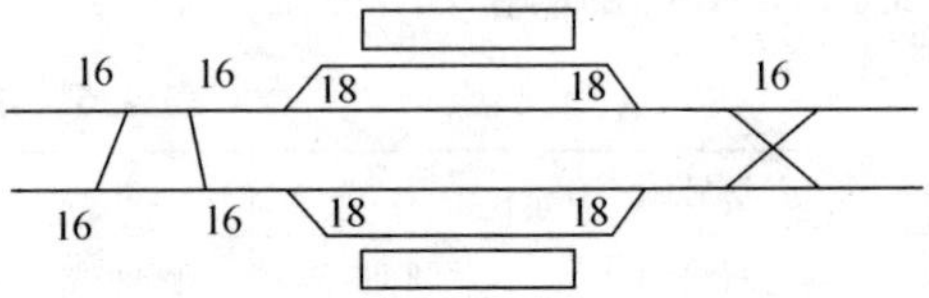

图 4.13　新干线道岔使用示意图

b. 用于高速线与其他较高速度的既有线连接时，正线上的分歧道岔用42号。

德国高速铁路道岔见表4.8。

表 4.8　德国高速铁路道岔

道岔号码	12	14	18.5	26.5	32.5	42
导曲线半径(m)	500	760	1 200	2 500	6 000/3 700	7 000/6 000
侧向允许速度(km/h)	65	80	100	130	160	200

(2) 我国高速铁路道岔号码的选用

我国高速铁路大量使用的是18号道岔。

目前运用广泛的60 kg/m钢轨，可动心辙叉的18号单开道岔的参数见表4.9。

表 4.9　18 号道岔参数

项　目	参　数	项　目	参　数
道岔号码	18	道岔全长(m)	69.0
线间距(m)	5.0	导曲线半径 R(m)	1 100
侧向允许通过速度(km/h)	80	道岔前长 a(m)	31.729
直向允许通过速度(km/h)	350	道岔后长 b(m)	37.271

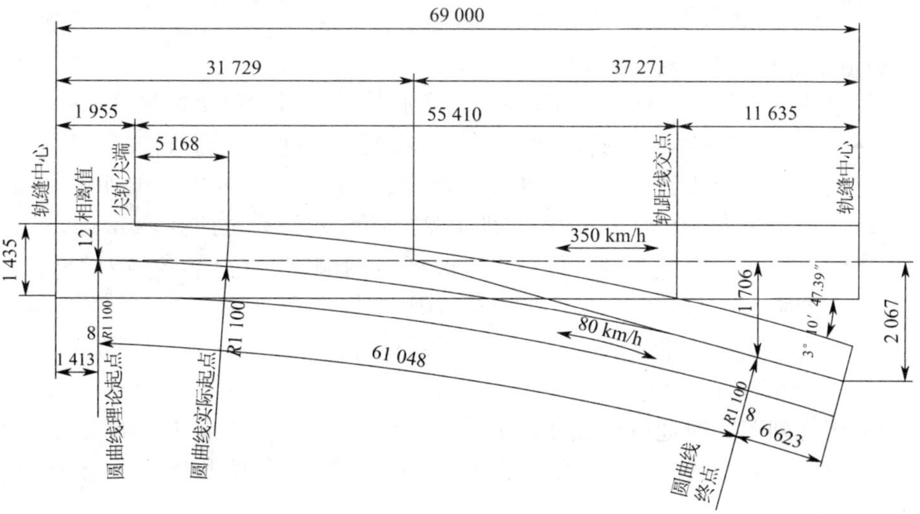

图 4.14　18 号 60 kg/m 钢轨可动心轨辙叉单开道岔线路平面布置图(单位:mm)

道岔号数的选择应符合下列规定:

(1)正线道岔的直向通过速度不应小于路段设计行车速度。

(2)正线与到发线连接的单开道岔应采用侧向允许通过速度为 80 km/h 的 18 号高速道岔。

(3)到发线与到发线连接应采用侧向允许通过速度为 80 km/h 的 18 号单开道岔。困难条件下,全部或绝大多数列车均停车的个别车站以及改扩建大型站可采用 12 号道岔。

(4)车站咽喉区两正线间渡线采用侧向允许通过速度为 80 km/h 的高速道岔。改扩建大型站困难条件下可采用 12 号道岔。

(5)正线与跨线列车联络线连接的道岔应根据列车设计通过速度确定,采用侧向允许通过速度为 160 km/h 或侧向允许通过速度为 220 km/h 的高速道岔。跨线列车联络线接轨于车站且列车均停站时,可采用侧向允许通过速度为 80 km/h 的 18 号高速道岔。

(6)动车、养护维修列车等走行线在到发线上连接时应采用不小于 12 号道岔。段管线、维修线在到发线上出岔时,可采用 9 号道岔。

(7)位于动车段(所)内到发停车场到达(出发)端的道岔,宜采用 12 号道岔,困难条件下可采用 9 号道岔;其他道岔采用 9 号道岔。

2. 道岔及连接

(1)道岔连接对列车影响因素

道岔是线路上的一个薄弱环节，为使列车通过道岔时所产生的振动，在一辆车上不产生叠加(即一辆车不同时跨两组道岔)，应在两道岔间插入直线段 f。

道岔间插入直线段长度，可按曲线间直线段长度计算。可参照国外多数国家直线段长度 f 取为 $0.4\sim0.6v$ (v 为曲线即道岔导曲线允许通过速度，km/h)。

当正线上道岔为对接并有正规列车同时通过两侧线时，道岔号码为 18 与 18 或 18 与 41 对接时；$f_1 = 0.6\times80 = 48$ (m)，困难时，$f_2 = 0.4\times80 = 32$ (m)。

考虑按我国钢轨标准轨长度为 25 m/根及短轨长 8 m 的组合，f_1 取 50 m，f_2 取 $f_2 = 25 + 8 = 33$ m。

当无正规列车同时通过两侧线或道岔顺向设置，参考日本新干线的规定，也就是按道岔与曲线间连接最小应有直线段 20 m 的要求，考虑按我国一根标准轨长度 25 m，f 取为 25 m。

高架桥上的车站为缩短站坪长度，减少桥梁工程，f 值均可为 25 m 。

(2)规范规定

根据《高速铁路设计规范(试行)》规定，相邻道岔间插入钢轨长度应符合下列要求：

①正线上道岔对向设置，当有列车同时通过两侧线时，应插入不小于 50 m 长度的钢轨；当受站坪长度限制时，可插入不小于 33 m 长度的钢轨。当无列车同时通过两侧线时或道岔顺向布置时，可插入不小于 25 m 长度的钢轨。

②到发线上两道岔间，有列车同时通过两侧线时，应插入不小于 25 m 长度的钢轨；特殊困难条件下，应插入不小于 12.5 m 长度的钢轨。无列车同时通过两侧线时，应可插入不小于 12.5 m 长度的钢轨。

上述插入短轨长度尚应满足无缝线路应力检算的要求。

道岔不宜布置在路桥(涵)、路隧、堤堑等过渡段上。当速度目标值大于 200 km/h时，路基上道岔端部距桥台尾边缘的距离不宜小于 50 m。

复习思考题

1. 简述高速铁路线路对钢轨的要求和选用。
2. 简述高速铁路有砟轨道的结构。
3. 高速铁路站线轨道有如何要求？
4. 简述无砟轨道主要类型结构。
5. 我国高速铁路道岔号码选用有何规定？

5 高速铁路车站分布及车站设计

5.1 高速铁路车站的分布

5.1.1 高速铁路车站类型

根据《高速铁路设计规范(试行)》有关规定，我国高速铁路车站分类按技术作业性质分为越行站、中间站和始发站，中间站和始发站都是客运站，因此不宜把其中之一叫做客运站，而宜按其作业特点加以区分。按客运量大小可分为特大型、大型、中型及小型车站。

如武广高速铁路包括武汉、乌龙泉东、咸宁北、赤壁北、岳阳东、汨罗东、长沙南、株洲西、衡山西、衡阳东、耒阳西、郴州西、乐昌东、韶关、英德西、清远、广州北、广州南站。其中乌龙泉东、乐昌东、英德西站为越行站，其他车站为客运站。

越行站是专为办理速度较快旅客列车越行速度较慢旅客列车而设的车站，而不办理旅客乘降作业，设于站间距离较长的区间，为中速列车待避高速列车越行的车站。不办理客运业务，仅设 2 条到发线，为值班员用的小站台 1 座。日本、法国等国高速铁路，也有不同等级速度的列车运行，速度较低的列车也要在一些车站待避高速列车越行通过，但这些车站都兼办客运业务，因此没有单纯的越行站。

中间站主要办理列车通过和越行作业、客运业务和少量的列车折返作业。一般是通过列车多于停站列车，办理旅客上、下车及换乘，一般具有 2～4 条到发线和 2 座旅客站台。较大的一些中间站还办理少量始发、终到或立即折返的高速列车作业。

始发站主要办理列车始发、终到作业及客运业务并设有动车段(所)。一般位于高速铁路的起讫点，如京沪高速铁路的北京和上海站。办理全部始发(终到)高、中速列车到发作业，具有全线最大的客运量。没有不停站通过列车，但有少量停站通过列车。如上海站可能担任北京至杭州方向高、中速列车的停站折角通过列车作业。为全线高速列车主要检修基地和运营指挥机构所在地的车站。设有高速列车动车段和管理机构等。

按技术作业性质划分三种车站的目的是为根据列车技术作业需要，如越行、折返、始发及终到等确定站型、车站到发线数量及其他线路数量用。

中间站既包括沿线市、县所在车站，也包括省会车站，中间站的规模相差较大，具有 2～11 个站台面的车站均属中间站，名称体现不了其特性。因此宜增加一类“枢纽站”，枢纽站一般位于铁路枢纽和直辖市、省会市所在地、具有大量客运业务的客运站。以办理大量停站、高、中速列车到发和少量通过高、中速列车的作业。这些车站还办理为数较多的高速列车始发终到作业。这些车站或车站附近都设有与既有站(线)间高中速联络线，在车站或附近办理高、中速列车的转线或可能的中速车换挂机车作业。车站规模较大，一般具有 4～6 股到发线、8 条站台面线(包括正线)停靠客车，配设有高速列车运用维修所等机车、车辆设施。

车站按办理的客运量大小分为特大、大、中、小型站。划分特大、大、中、小型站的目的是为确定客运设备规模、数量及其有关尺寸。

通常最高聚集人数：10 000 人以上的站为特大型站；3 000～10 000 人为大型站；600～3 000 人为中型站；100～600 人为小型站。为简单、方便地确定客运设备规模、数量及其有关尺寸，特大型和大型站合并统称为大型站；中、小型车站除主要根据城市所在地客运量较大的为中型站外，其余均为小型站。

5.1.2 中间站站坪长度

1. 确定中间站站坪长度的基础数据

(1)中间站站型按侧式(正线不靠站台)和岛式布置分别计算，2～4 条到发线、2 座旅客站台，按有、无综合维修工区岔线、正线间不同数量和方向的渡线等条件的站坪长度。

(2)中间站到发线有效长按 700 m 和 450 m 分别计算。

(3)到发线与正线间距 5 m，两侧有到发线的中间站台宽 10.5 m、仅一侧有到发线的站台宽度 9.0 m。站台长度按 500 m。

(4)道岔均按 18 号道岔。道岔尺寸暂按全长 69.58 m、前端 a=33.283 m、后端 b=36.297 m。到发线用梯线连接，道岔后连接曲线半径 R=1 000 m。

(5)到发线按双向接发车条件、不增加有效长，同一股道发车时反向发车信号关闭。进站信号机距第一副道岔基本轨接缝为 50 m，距第一个正线旁警冲标 50 m。

(6)站坪长度为满足设置车站配线的正线站坪纵断面条件的距离。包括最外道岔基本轨接缝至曲线起点(缓和曲线与直线连接点)间的直线距离和正线竖曲线。

2. 中间站站坪长度

中间站站坪长度见表 5.1。

表 5.1 站坪长度(m)

路段设计行车速度(km/h)	布置图类型	远期到发线有效长度(m)			
		700		450	
		有渡线	无渡线	有渡线	无渡线
200～250	侧式	1 450	1 700	1 250	1 500
	岛式	1 600	2 000	1 400	1 800
300～350	侧式	2 000	2 500	1 800	2 300
	岛式	3 500	4 000	3 100	3 600

5.1.3 高速车站分布原则

1. 站间距离

高速铁路的站间距离无需如普通铁路按运行时间、距离等规定。各国高速铁路平均站间距离差别悬殊,日本东海道新干线平均站间距离为 34.4 km,最长的区间为 68.06 km,山阳新干线最短的站间距为 10.55 km。法国最长的站间距离超过 100 km,而最短的仅 9.9 km(里昂附近的机场站)。我国高速铁路办理客运业务车站的站间距离,主要受城市分布、城市间距离的制约。京沪高速铁路宁沪段城市密度大,客运站平均距离约 40 km,徐宁段城市少,其平均距离约 66 km。京沪全线客运站平均距离约为 55 km。此外,由于高速铁路客车运行速度并不相等,高速度列车也需越行较低速度的列车,如果站间距离过长,而不能进行待避越行,则将降低通过能力。因此,需在距离较长的客运站之间,增加越行站,使站间距离适当均衡。在一般情况下,包括越行站在内的平均站间距离以 30～50 km 为宜。当自然分布的客运站距离大于 50 km,如该区间通过能力不受限制时,其间可不加越行站,也可预留远期加站条件。

2. 办理客运业务车站的分布

高速铁路理应尽量吸引沿线所有大小城市客流。然而如果车站过多、过密,停站列车速度难以提高,通过列车运行于过密的咽喉区将影响舒适度和增加不安全因素,也给养护增加难度。高速车站造价较高,特别是受客观因素控制时需要设高架站或拆迁大量建筑物,使得一个中间站的造价高达亿元以上。车站过密将增加大量投资。因此,要做到既要保证高速铁路有足够的客运量又要合理设置车站。从我国实际情况出发,高速客运站的设站条件应是具有较多的到发客运量和地市(省辖市)级城市包括经济发达的一些县级城市;从京沪高速铁路所设办理客运站的情况看,是具有预测年到发客运量 200 万人以上。

3. 车站分布应考虑的其他因素

当高速线路靠近既有铁路的联轨客运站(衔接既有多个方向及以上干线的既有站),具有较多的与高速线换乘客运量和地方到发量,宜在既有站附近设高速站。

根据国外高速铁路养护基地的分布,结合我国情况,沿线约 50 km 左右需设一处综合养护维修工区,车站分布宜结合综合工区分布,使综合工区的岔线尽量在高速站与正线连接,车站选址时应一并考虑综合工区的用地。

有条件时,考虑区间渡线分布与车站分布协调,使区间渡线有可能与车站咽喉渡线结合,以减少区间渡线。

5.2 高速铁路车站设计特点及主要内容

5.2.1 高速铁路车站设计特点

1. 车站作业单一,只办客运业务,不办货运业务

如果高速铁路开行货物列车,必须解决以下问题:

(1)货车轴重问题。我国货车轴重大多在 21 t 及以上,而高速铁路上的货车轴重不宜超过 18 t。

(2)速度差问题。根据几条高速铁路铺画运行图结果:当时速 300 km/160 km 匹配、160 km/h 速度的列车占总列车的 20%～30%时其扣除系数达 5～6。货物列车速度只能达到 80～90 km/h,轻快货物列车速度也只能达到 100～120 km/h。如此大的速差,扣除系数就更大,成为不合理的运输组织。因此,客货车共线运行必将降低旅客列车速度。

(3)信号适应问题。高速客运铁路无地面信号,行车控制靠 ATC 和 CTC。货运机车不能适应。必须采用特制的货运机车和车辆。机车需配设专用的车载信号设备,车辆需采用客车式转向架和封闭式车辆。因此,需研制专用的机车车辆。

(4)必须减少牵引质量、加大牵引功率和减缓最大坡度。货运列车牵引质量只能在 1 000 t 左右,最大坡度不宜超过 12‰,机车功率需加大至 8 800 kW 左右。

(5)货物列车编组和货物装卸问题,适应于高附加值的轻快货物列车货源分散,必须在编组站集结。货物列车如何从编组站上或下到高速铁路,是个复杂问题,无论从编组站修建联络线(必然产生复杂而工程量大的疏解工程)与高速铁路沟通或者走行到某既有站修建与高速线的联络线(同样有疏解工程),都将增加大量工程投资,而且十分困难。轻快货物在何处装卸也是难题。如果高速铁路自备货运机车车辆,自设装卸货场及货运站;总体而言对铁路运输不经济合理,对货主亦不方便;高速站将要进行货物列车调车作业,也是很不合理的。如果高速线直接连通既有货场,可以争

取送达时间，但修建这种通路和配套设施将更为困难。

基于以上分析，高速线开行轻快货车问题复杂、投资大、运输组织和货物装卸困难、涉及问题多，因此我国高速客运铁路以不办理货运、少量开行轻快货车为宜。从我国广深线实践来看，现在已修建第四线，也应采用客货分线运行，轻快货车应当在既有提速干线上开行，各项现有的配套设备可以利用，与客车的速度也可匹配，如果要利用高速线某些区段暂时的富裕能力来开行货车，倒不如多组织一些既有线上的客车上高速线运行。

日本、法国等多数国家的高速铁路均不开行货物列车。虽然日本原东海道新干线《运输计划》四大站间计划开行 30 辆编组(18M+12T)重约 1 500 t 的货物列车，但建成运营后并未按此计划执行、未开行货物列车。

德国有其特殊因素，高速客运量也比较少，已有二条高速线通道上客货混跑。但以客车为多，货车以夜间开行为主，"白天货车"只是特定的个别列车。德国由于没有形成贯通的新建高速线路，新建的高速线与改造的既有线相同连接使用(一段新建高速线与大体平行的既有线组成的四线区段与既有线双线区段连接)。

因此，高速车站将不考虑货物列车的各项作业。一旦出现附近的既有线因大灾害而中断或战争紧急时，高速线有可能须承担急需的货物运输。这种特殊情况，也不必作为高速车站设计的因素。

2. 高速旅客列车不办理行包和邮件装卸业务

我国普通客车多挂有行李、邮包车厢。列车到达较大车站时，要进行邮件和行李(托运的包裹)的装、卸作业，车站站台上、沿站台的纵横向均须设行李和邮件拖车的走行通道，列车繁忙的大站通常须设横越股道、站台和纵向贯通车站的地下车道。如高速车站办理行包、邮件承运业务，高速铁路行车量大、速度高，为保证安全，必须建立地下拖车道路系统。这将大量增加高速站特别是部分高架于既有站上和与既有站并列设置的高速站的工程投资。

高速列车和跨线快速列车，牵引质量小、定员少、运输成本较高。在这种列车上占去两节旅客车厢而挂邮车和行包车，也是不经济的。

为办理行包、邮件装卸而延长旅客列车停站时间与高速铁路追求最短的旅行时间是背道而驰的。

基于以上理由，我国高速车站不应办理行包和邮件装卸作业。据所见日本、德国、法国各类高速列车均未见挂有行包、邮政车厢，但在每节车厢两端均有较宽敞的行李架，旅客可将自带大件行包放置其上。法国和德国均开行单列的行包、邮政 TGV、ICE 列车。

3. 必须突出安全第一的设计思想

不停站的高速列车以与区间相同的速度通过车站，停站的高速列车也将以 80 km/h及以上的速度进入车站咽喉区。在车站，人身安全、列车运行安全、车站员工安全以及高速列车与养护维修车列、与动车组运行和调车作业的安全，都必须以车站各项设施给予保证。

4. 要充分体现“以人为本、方便旅客”的宗旨

高速车站设计更要充分体现“以人为本、方便旅客”的宗旨，提倡旅客流程立体化、进出站自由化和多样化的设计。

首先应在总体布局上、广义地考虑车站位置、车站与城市交通、车站与城市发展规划的相互配合、高速车站与其他车站的分布和分工等方面符合方便旅客、有利于吸引客流的需要。

其次是在具体设计中，要把方便旅客贯穿于城市交通一进出站一上下车整个流程。要使旅客下车后能快速便捷地到达地下铁道站、轻轨铁路站、公交车站、出租车站点和社会车场。高速铁路列车间隔时间短，车站到发客流大，设计中应将进站旅客流程和出站旅客流程的通道分开，尽量不产生交叉干扰，旅客流程通道亦不应与各种行车道平面交叉，以保证安全。总之，车站是聚集大量旅客的场所，要能快速地聚散客流，尽量减少旅客步行距离、减少滞留时间和安全方便的通道。21 世纪的高速站应具有旅客流程立体化、进出站自由化、进出口多样化的现代化设计。

5. 高速车站的客运和行车工作组织、客运设施要适应高效率快速作业要求

高速列车停站作业时间很短，日本东海道和山阳新干线，客车进站停车时间大约为 2 min，小站 1 min。始发终到站的高速列车，白天运行时间均立即折返，列车停站折返时间以东京站原折返时间为例：旅客下车 5 min、旅客上车 10 min，列车上水及坐椅转向、餐具清理等作业平行进行，停站时间共 15～20 min。车站通过和到发高速列车密度大、间隔时间短，一般时段间隔时间多为 4～7 min，高峰时段 3～4 min。

为适应高速列车在站高效、快速的作业要求，必须改进车站客运组织工作和行车组织工作，并配以先进设备。

(1)客运组织工作

应设置自进站至站台候车全程醒目清晰的旅客引导电子设备和多处一定时间段内各次列车电子信息告示牌。

旅客到站台后能方便地找到与车票相同的车厢号的停车车门位置，旅客能自己“对门上车、对号入座”，消除旅客在站台上寻找车厢门的时间。这就要求站台上有准确、醒目的停车车号车门位置的标志，高速列车应通过列控系统或司机操纵准确无误

地停在与站台标志一致的位置，这样旅客能以最短的时间上车。

根据客运量大小，配备多个自动售票和自动识别检票口，达到基本上清除排队售票和进出站现象。

快速组织完成折返列车清洁、废物处理、上水和物品供应工作。

(2)行车组织工作

车站应有自动控制接发列车信号系统，包括信号机显示、接发车进路(包括道岔)的自动控制和完成操作，以减少办理闭塞和开通进路时间，提高行车组织工作效率和保证安全。

车站平面布置应使停站列车以不低于 80 km/h 的速度进入进站信号机，并安全准确地到达停车位置，保证通过列车不减速通过车站，保证通过列车与停站列车或待避列车行车安全。车站咽喉应满足行车组织工作需要，适应折返列车和灵活使用，到发线不论正线还是站线均应设计为双进路。

5.2.2 高速车站设计的主要内容

高速车站设计应进行以下主要内容的方案比选、总图及平面布置、纵横断面、一般路基土石方、排水、用地和工程数量计算等。

(1)高速车站平纵断面设计。包括越行站、中间站、始发站。

(2)区间渡线。

(3)高中速联络线。

(4)疏解区。包括高速线与高速线、高速线与普速线。

(5)走行线。包括各种段、所、区等与高速站(或高速正线)间的各种走行线。

(6)各类段、所、区的线路及股道布置。包括动车检修段、动车运用所、动车折返所、大型养路机械化段、综合维修管理区、供电段、牵引变电所、开闭所等。

5.3 高速铁路车站作业及基本图型

5.3.1 高速铁路车站的作业

1. 越行站

(1)办理正线各种列车的通过。

(2)办理待避列车进出到发线，停站待避。

(3)高速铁路越行站宜预留未来办理客运业务的条件。

2. 中间站

(1)办理正线各种列车的通过。

(2)办理停站列车和越行列车进出到发线和旅客上下车。

(3)有立即折返列车的中间站,办理列车终到、始发作业。

(4)办理始发终到列车的客运整备(包括清洁、供应物品等)作业和旅客上下车。

(5)有综合维修管理区岔线接轨的中间站,在正常情况下,"天窗"时间内办理检测、维修等列车进出正线作业。特殊情况时,在某方向正线被封闭或按调度中心指令下办理维修列车进入该方向正线。

(6)与既有铁路(既有站)有联络线连接的中间站,办理来(去)自既有铁路进入(发出)高速中间站列车(包括高、中速列车,城际动车组)的接发作业。

(7)旅客列车上水作业一般应在始发、终到站进行,个别情况立即折返列车上水也有可能在中间站作业。

(8)有其他高速铁路衔接的接轨站,除办理以上各项作业外尚有可能办理旅客换乘。

3. 始发终到站

始发终到站只是相对于一条高速线而言,运行于跨越该线的列车,在始发终到站仍为通过列车,仅仅是通过的方式可能不同。始发终到站有终端式和通过式两种。

例如上海站在京沪、沪杭线既是始发终到站也是京杭间高速或中速列车的通过站。只因其为终端式车站,通过列车是以折返方式运行的。

始发站包括了中间站的全部作业。有所不同的是,绝大多数为始发(或终到列车)列车,而中间站多数为通过列车。

4. 枢纽站

枢纽高速站除了办理上述中间站作业外,尚有以下作业:

(1)有较多的始发终到高速列车作业,白天在车站到发线上进行作业并立即折返,夜间到站停运后,配属本站的高速车底(亦统称动车组)通过走行线进入运用维修所(或运用所)进行日检(或小修)、存放。翌日早晨动车组从动车运用维修所进入车站到发线并准备发车。

(2)枢纽高速站一般均设有与既有铁路车站之间的高中速联络线。联络线的设置一般有两种方式:一是在枢纽高速站外高速正线出岔后与既有线或既有站连接,二是在枢纽高速站出岔平行高速正线引出至既有线或既有站。因此,需要在本站转线的中速车(或城际动车组),且既有线与高速线具有不同牵引类型,其换挂机车和旅客上下作业,第一种连接方式时均在既有站办理。第二种连接方式时,可在高速站或既有站办理,一般以在既有站办理为宜,也有少数情况必须在高速站办理。

(3)有可能进行中速列车列检、上水、更换本务机车(按机车交路)等作业。

5.3.2 高速车站的基本图型

高速车站图型与下列因素有密切关系：本线、跨线旅客列车共线运行模式；车站性质；运营需要；动车段(所)、客车整备所的配置以及地形条件等。因此车站图型应在满足运营要求前提下结合具体情况确定。

1. 国外高速车站的基本图型

(1)日本

图 5.1 为东海道、山阳新干线车站示意图。

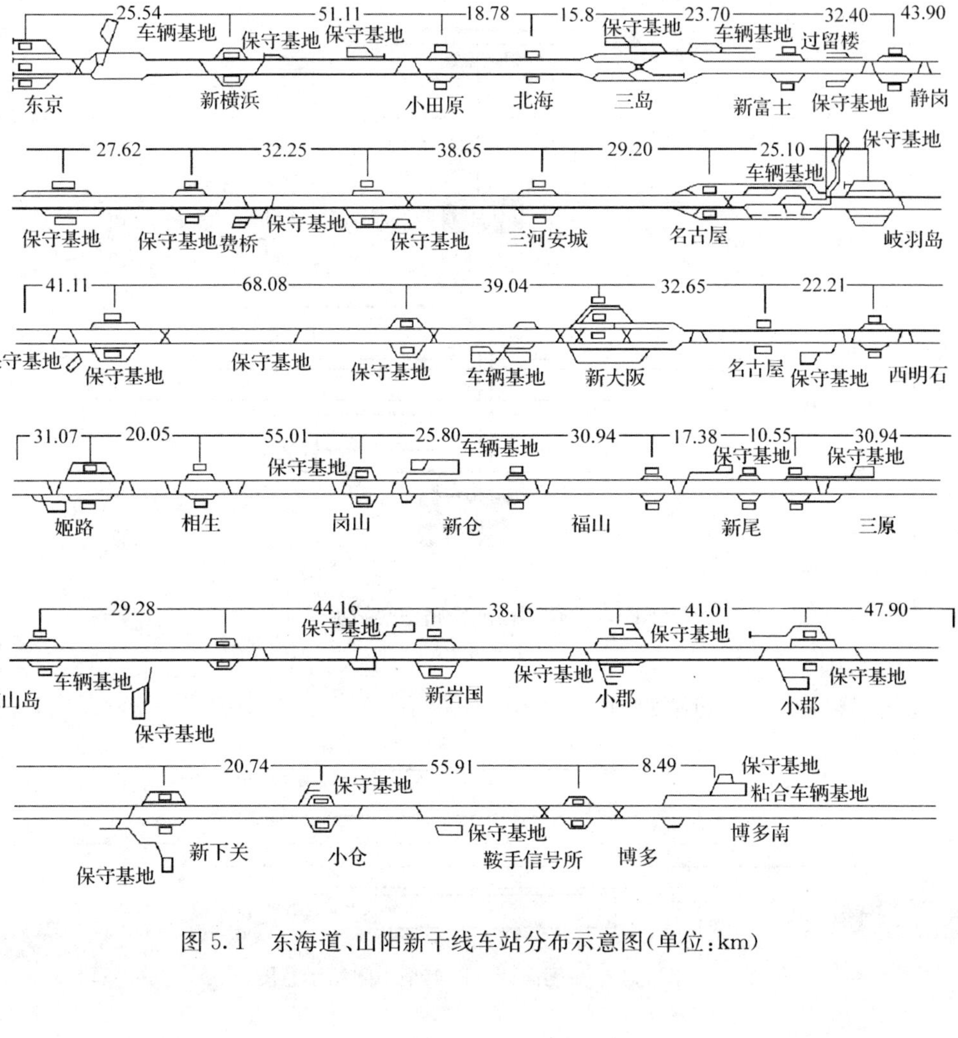

图 5.1 东海道、山阳新干线车站分布示意图(单位：km)

(2)德国

德国高铁中间站如图 5.2 所示。

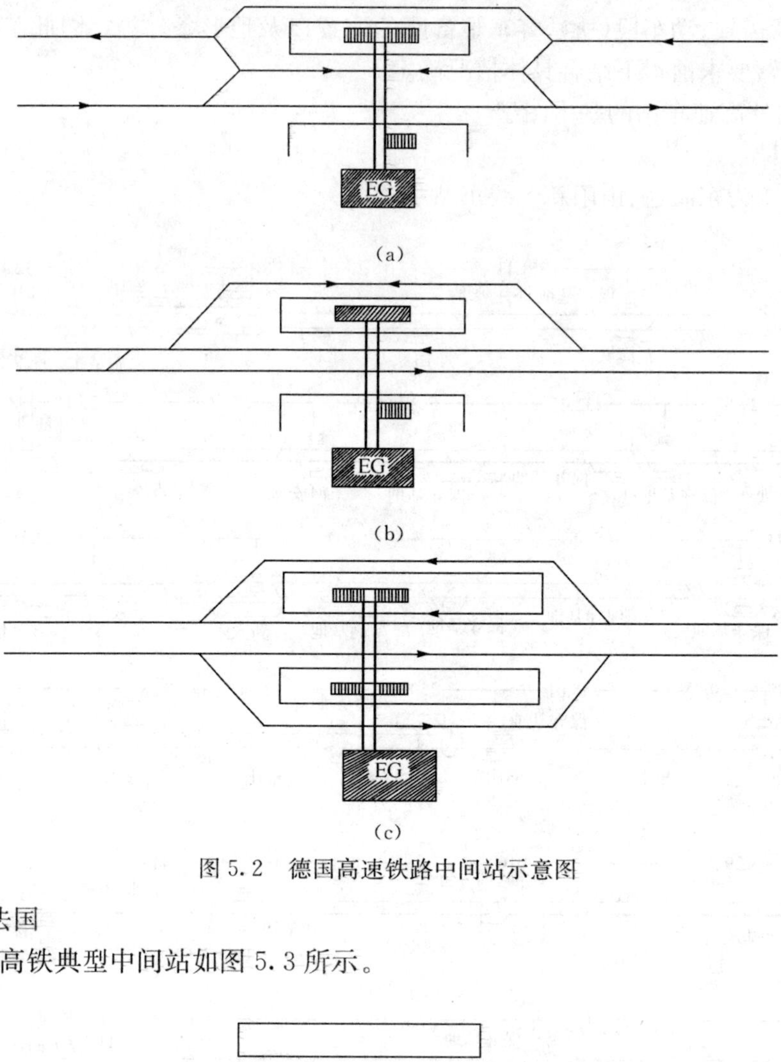

图 5.2　德国高速铁路中间站示意图

(3)法国

法国高铁典型中间站如图 5.3 所示。

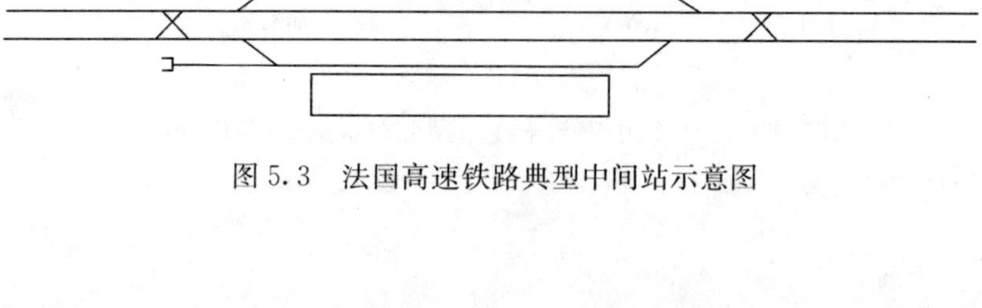

图 5.3　法国高速铁路典型中间站示意图

2. 国外高速站基本图型的特点

(1)中间站是高速铁路最多数的车站,它的图型是高速车站的主要图型。日本、德国、法国三个国家中间站的基本图型有两种。一种是中间站台设在正线和到发线之间,站台一侧靠正线、另一侧靠到发线,这种图型日本称之为岛式图型。另一种是中间站台设在到发线外侧或在到发线之间,站台不靠正线,日本称之为对应式图型。但也有极个别中间站的图型特殊。

(2)各国中间站采用的图型中,日本绝大多数是对应式图型。德国规范推荐全为岛式图型。法国与日本相似,大多采用对应式图型。图型采用与各国高速铁路的行车量、行车组织相关。

(3)法国高速中间站在列车进入的到发线前方设有安全线,其原因是进站速度较其他国家高,为安全而设。日本、德国一般均不设安全线。日本虽然有极少数的无配线乘降所,但其高速线行车繁忙,只能个别列车停车。

(4)日本和法国各种高速站有很多与既有站紧靠,进出站通道也有不少高速站与既有站共用,但车场(到发线、站台)均为高速站自成一体,不与既有站场的到发线共用。而德国几乎全为共用车场。

(5)日本在早期设计的高速站中,有少数站如三岛、名古屋、新大阪站采用了如地下铁道站在两正线间设置了折返线的图型,但在以后建设的高速铁路中均未采用此种图型。

(6)枢纽站目前基本上仅日本有 2 个:名古屋和新大阪,两站图型特殊。名古屋站正线外包贯通式,上下行正线内设到发线、站台、存车线等。新大阪站设 4 个站台,7 条靠站台线,北端正线为道岔侧向贯通,南端正线直股贯通,布置为一个站台和2 条到发线及存车线在两正线之间,其余站台和到发线在两正线外侧,形成混合图型。

(7)高速线与高速线接轨的高速站目前仅日本和法国有少量此类车站。德国等国的接轨站都是高速线与普速线(或既有线)的接轨站。

(8)终点站图型,日本和法国有两类基本图型。一类是终端式,如日本东京东海道高速站和东京东北线高速站,两终端背道而设。法国巴黎东南线的里昂站和巴黎大西洋线的蒙帕纳斯站,虽然都是终端式图型,但站台设置各异。法国两站在到发线车挡后均有横向基本站台与到发线间的站台连接,站台布置如"梳子"形。日本东京站则不设横向基本站台,站台布置与中间站相同。另一类是通过式图型,如博多站由于一端为正线,另一端为车辆基地(动车段),形成了通过式,如新潟、长野等终点站为新干线延长而需布置为通过式。

3.《京沪暂规》推荐的高速车站基本图型

图 5.4 为《京沪暂规》推荐的基本图型，它与日本的对应式和岛式相同，只是股道数量有区别。

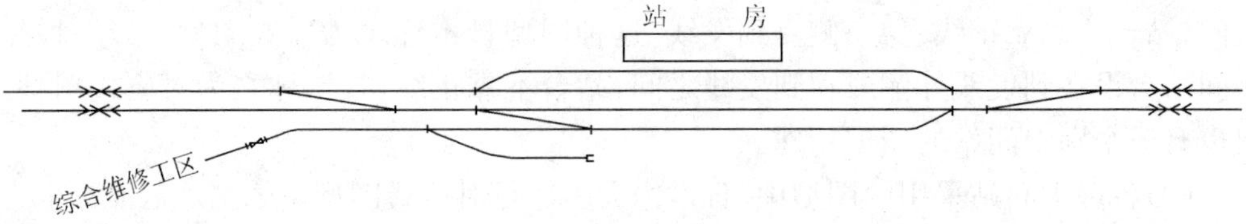

(a)越行站

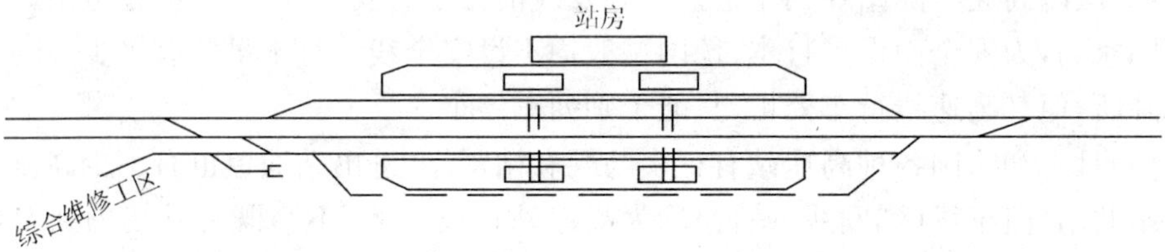

(b)中间站

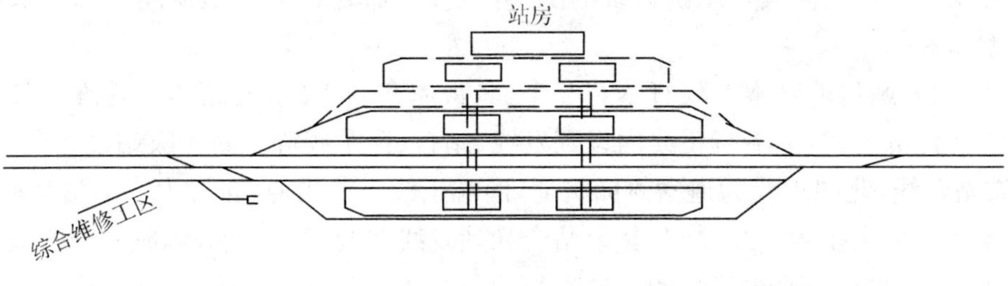

(c)中间站

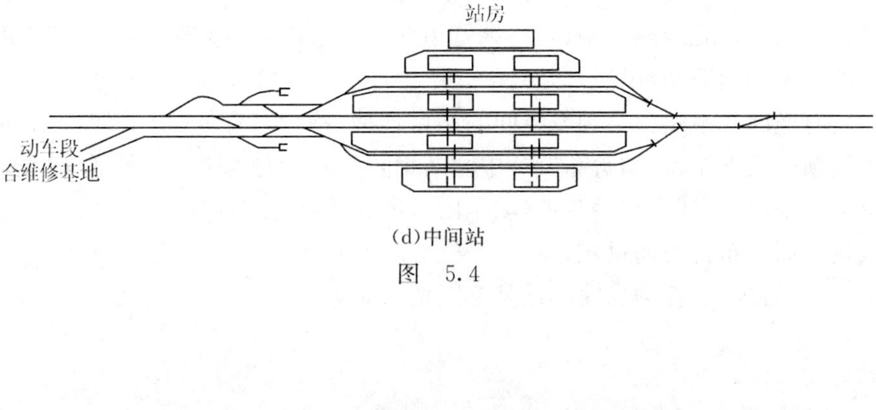

(d)中间站

图　5.4

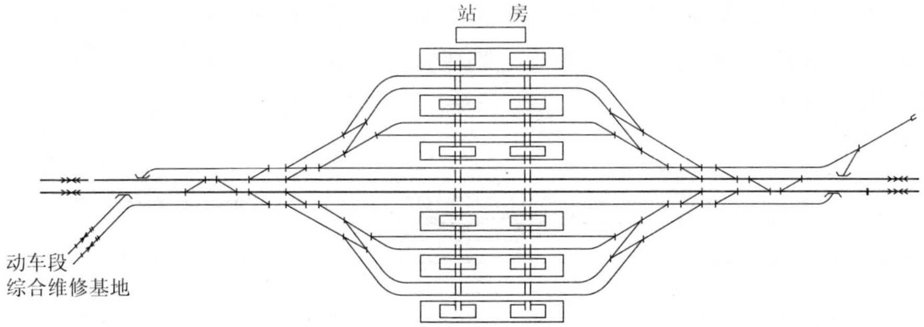

(e)始发站

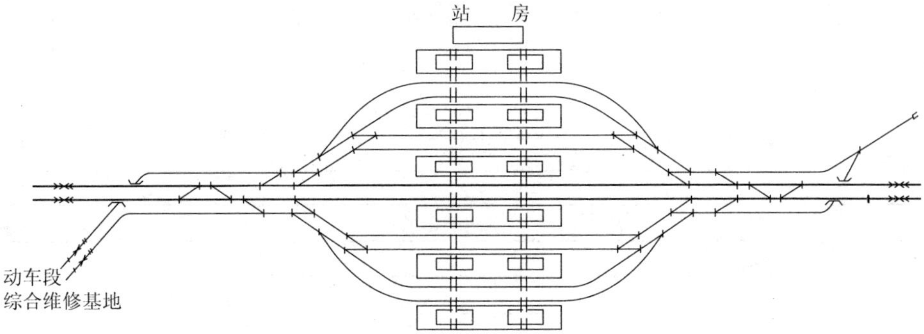

(f)始发站

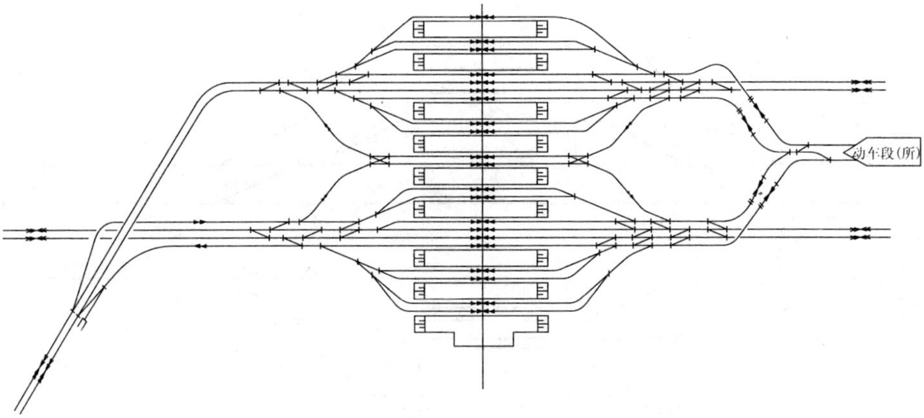

(g)始发站

图 5.4 《京沪暂规》推荐的高速站基本图型

4. 武广高铁与广珠城际车站股道平面图图例

图 5.5 为武广高铁咸宁北、汨罗东、衡阳东、长沙南车站平面图，图 5.6 为广珠城际铁路车站平面图。

(a) 咸宁北

(b)汨罗东

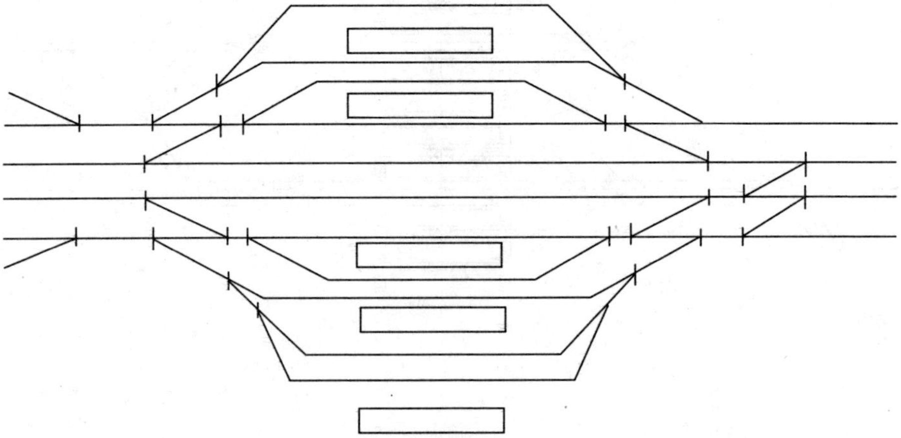

(c) 衡阳东

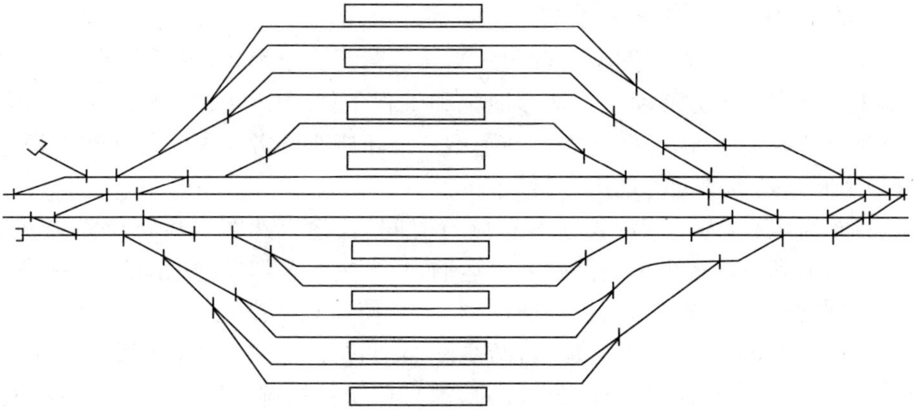

(d)长沙南

图 5.5 武广高速铁路咸宁北、汨罗东、衡阳东、长沙南车站平面图

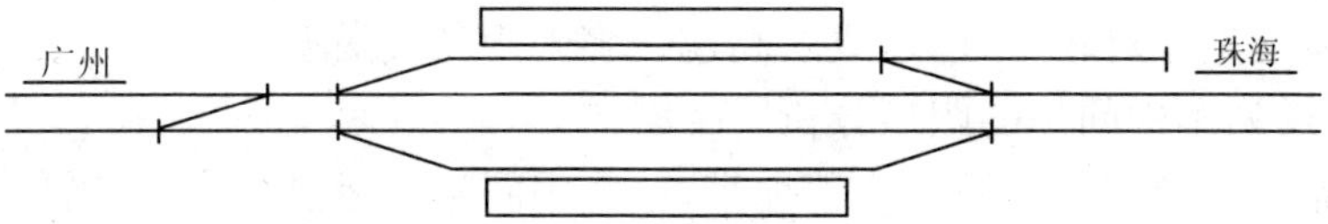

(a)广珠城际一般站

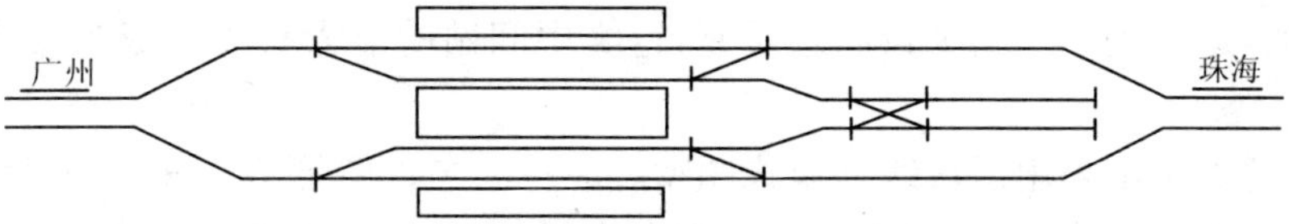

(b)中山站

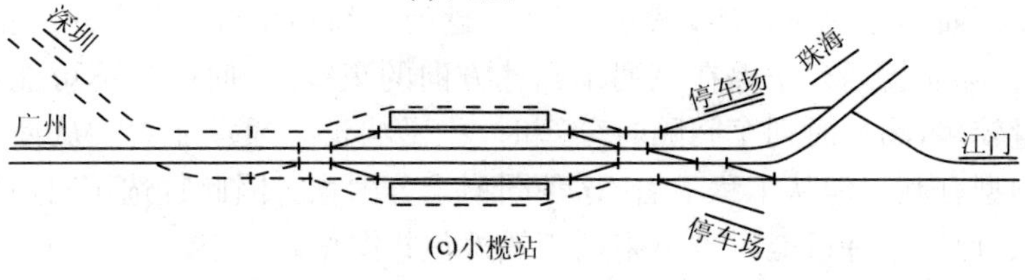

(c)小榄站

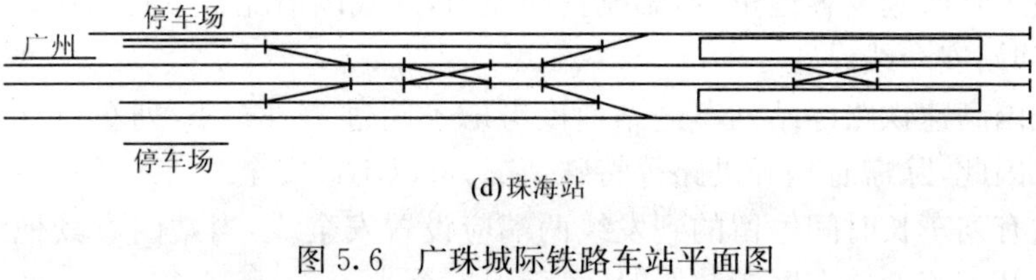

(d)珠海站

图 5.6 广珠城际铁路车站平面图

5. 高速站基本图型适应性分析

图型与运营至关重要，图型的选用应当从运营需要出发，考虑行车量、行车组织、客运组织以及安全等方面因素。地形地貌和工程条件对中间站的图型影响不大，但对始发站可能影响较大，因此这类车站图型选择还应充分考虑工程条件和工程造价。

(1)中间站基本图型的选用分析

从行车组织看，为了缩短长途客车旅行时间、长途直达客车应不停站通过中间站。中间站的到发旅客由少数停站客车运输，有大量旅客到发的中间站，则另加开该站始发终到列车。因此中间站正线通过列车多、使用频率高，若采用岛式图型，停站客车停在正线上，影响通过列车运行，减少线路通过能力。同时在正线一侧站台，有高速通过列车，对候车旅客构成安全威胁，需采取防护措施。因此，对繁忙高速铁路的中间站应采用对应式图型。只有在运输量少、线路能力富裕的线路为了利用正线作到发线和停站列车可以不侧向通过道岔，才有可能采用岛式图型。正如日本四条繁忙干线 80%以上车站采用对应式图型，而运输量少的北陆线采用了岛式站和无配线站。德国客运量相对较少，已建成的高速线多采用岛式图型。

(2)有折返列车中间站的图型分析

高速铁路位于经济发达城市连绵地带，一些中间站客运量相当大，需要开行立即折返的始发终到列车。这种车站从全线看属中间站，但还具有始发站性质。这类车站图型在我国京沪、郑西、武广客运专线设计中，未能足够重视和研究。在长三角、珠三角城际客运专线中得到了较深入研究，这类中间站的能力有可能成为未来全线能力控制点。

日本这类车站采用了正线外包式图型，如三岛、名古屋等站。该图型最大优点为折返列车不切割正线，不影响正线通过列车运行，车底在站内必要时的临时存放和取送十分方便。而不论对应式还是岛式图型折返列车都必须与一个方向的正线通过列车平面交叉(除非折返列车停在该列车到达方向的正线上，而这是不可能的)。当折返列车数量较多，高峰时列车间隔时分短时，将影响正线通过能力。从使用上分析，正线外包图型有利。但从工程上看，这种图型十分困难。因此宜选用对应式图型，如影响能力大，地形条件可能时也可采用正线外包式图型。

无配线乘降所到发客运量少，影响正线能力，从我国情况看不宜采用。

(3)中间站安全线设置

目前我国高速铁路停站列车进站速度考虑不超过 80 km/h，列车自动控制系统完善可靠。因此，除需有隔开进路等特殊情况，可以不设安全线。

中间站有列车长时间停留的到发线两端应设置安全线，当站内有其他线路及道岔与正线隔开道路岔并有联锁装置时，可不设安全线。

在进站信号机外制动距离内进站方向为超过 6‰的下坡道的车站，应在正线或到发线的接车方向末端设置安全线。安全线的有效长度不应小于 50 m，纵坡应设计为了平道或面向车挡的上坡道，末端均应设置缓冲装置，不宜设置在桥上、隧道内。

(4)接轨站图型分析

接轨站如系枝状分叉线，一端有两条双线引入，而另一端则合并为一条双线，如日本大宫接轨站，大宫—东京段为东北、上越、北陆三线共用。这种站以采用大宫站到发线可路路通的图型为宜，到发线和站台的使用分工可根据各线行车量而定。对接轨线通过接轨站不合并而仍为各自贯通的情况，也可采用德国基本上按线路固定使用到发线和站台的图型，根据高速列车运行的需要连通部分共用的到发线。

(5)始发站图型的选用

如可以有利用既有站略加改扩建的，如京沪高速铁路的北京和上海均利用现有北京南和虹桥车站，就不存在选用图型问题了。如新建始发站，图型的选择一般应考虑高速铁路铁路网的规划，将来是否另有高速铁路引入的可能；城市站前广场和城市交通的规划情况；动车段与车站的相互位置等因素。一般情况，通过式图型应是首选方案。如果选用终端式图型，站房和站台以通过式图型布置为宜。

5.4 高速铁路车站平、立面的总体布局

高速铁路车站虽然作业单一、车站简单。但必须达到迅速、畅通地疏散密集客流，力求减少不同性质客流的交叉干扰，力求缩短旅客在站区的走行距离，与城市交通有方便的换乘条件。因此，车站设计，不能像普通铁路仅考虑车站股道本身的平面布置。而是还要考虑更多更广泛的因素和客观条件，以便实现上述功能。这些因素和条件主要是：旅客在平、立面的流线，与既有车站的设备和普通旅客的关系，站区城市交通条件及其与高速旅客转运，站前广场及道路条件等。高速车站设计必须先从平、立面的总体布置入手。总体布置要按不同的类型、条件因地制宜，归纳起来可借鉴、参考的有以下几种总体布置形式。

5.4.1 远离既有线新建的车站

远离既有线或城市本身没有铁路的高速铁路车站站址的选择必须结合城市发展规划，位于新发展市区内，站房面向市区方向。新建车站往往地势较为开阔，拆迁建筑物较少，有条件作出理想的平、立面布置方案。实际情况是一旦新高速站建成，新站与旧站之间的规划区很快就被建筑物填满而成为城市新的市区中心之一，如日本新横滨站早已与原市区连成一片。中国京沪高速铁路沿线城市新规划发展区面貌年

年一新，以至于局部的规划线路在设计过程中就要改线。我国是发展中国家，城市发展很快，虽然设计时站址与市区有一定距离，待到建成之日已是市区内。旅客乘车同样是方便的。新建站的平、立面总体布置有以下两种可能方案：

1. 地面站

即非高架站，在一定填土之上的车站。高速铁路车站附近多为高架桥线路，故这种落地的高速站是个别的。

(1)常规的平、立面总布置方案

这类车站像普通铁路常用的方式一样，其平面为对应式车站，站房在一侧，具有基本站台和中间站台。在立面上两站台以一座进站地道和一座出站地道连接的“两地”方式，或者以高架通廊进站上车、地下通道出站的“一天一地”方式，或者是两个高架通廊进出站的方式。从减少旅客克服进出站的高度看，“两地”方式为优，如图 5.7 和图 5.8 所示。

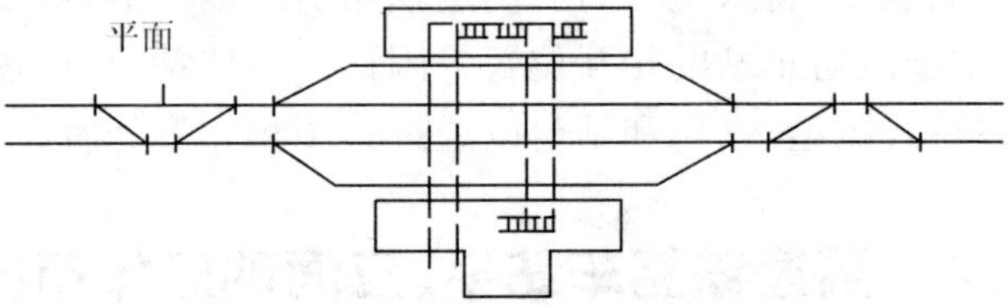

图 5.7　常规地面站平面示意图

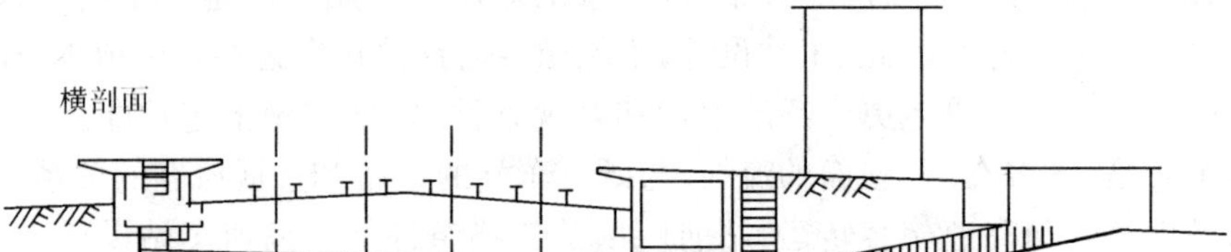

图 5.8　常规地面站横断面示意图

(2)候车室为高架于车站之上的平、立面总布置方案

该方案用于旅客到发量较大，停站列车较多，而需采用岛式图型，车站横向用地宽度不足，为避免基本站台与中间站台只夹 1 股道的平面布置，有可能采用候车室或站房全部建于车站股道之上的方式，如图 5.9 和图 5.10 所示。进站旅客从进站厅自动扶梯上至高架站房候车室，从高架候车室两侧的人行楼梯下到站台。出站旅客可自地道出站，如两侧都设进出口，地道也可不贯通。旅客流程为“高进低出”。进出站

旅客流程清晰、方便，可减少站房建设用地，具有车站两侧设进出口条件。但造价较高，一般情况下不宜采用。

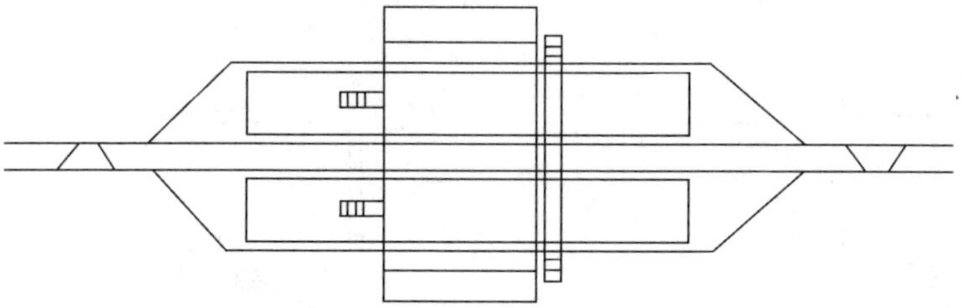

图 5.9 候车室高架地面站平面示意图

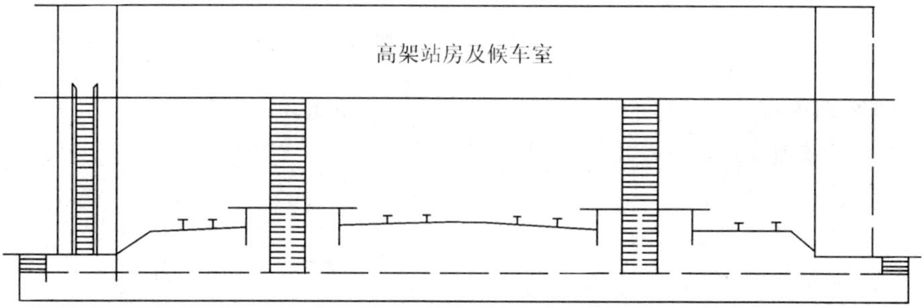

图 5.10 候车室高架地面站横断面示意图

2. 高架站

新建车站两端线路因与多处道路交叉而设计为高架线路，车站亦因之而成高架站，高架站平面布置应力求简单，其功能仅为列车到发和旅客上下车，其余设施均不应在高架站上，以减少桥梁工程。利用车站桥下净空作为站房和候车室的立面布置，每个站台设旅客上（自动扶梯）下（步行楼梯）梯各一座，构成“低进低出”旅客流程。如日本，上越新干线上的毛高原站是这种布置的典型车站，如图 5.11 所示。京沪高速铁路新徐州站也采用的是此种形式。这种布置能充分利用空间、减少用地，是高架站布置的较佳形式。

5.4.2 与既有线并列设置的车站

既有站多已位于市区内，高速站为方便旅客和利用既有站的客运设施而设在既有站外侧。这种形式在国外高速铁路设计中被较广泛地采用。此类形式，高速车场与既有车场各自成系统，两者不必连通。如两车场平面连通将造成平面交叉干扰而影响线路能力和运行安全，如有高、中速列车(或城际动车组列车)需在此下高速线进入既有站，则应在站外适当处修建高中速联络线。虽然车场分设，但站房、旅客通道、候车室等客运设施应融汇为一个站统筹考虑，具有“有分有合”的特点。

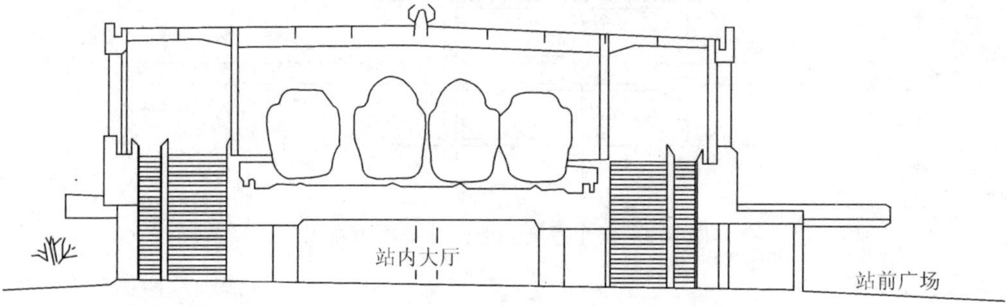

图 5.11　上越新干线上毛高原站断面图

1. 高速站为地面站与既有站基本等高的平、立面总布置方案

该方案根据旅客流线又可分为以下两类：

(1)“低进低出”方案

立面布置为旅客流程以地道连接“低进低出”方案，对高速站而言与离开既有站新建高速站的形式相同，只是旅客要横越既有站。根据既有站地道情况，有条件时可利用既有地道延长接通高速站地道。站房、候车室、广场等可全部利用，高速客流和既有站客流共用进出站地道。此种布置方案有利于减少投资，适应于客运量较少的车站，如图 5.12 和图 5.13 所示。

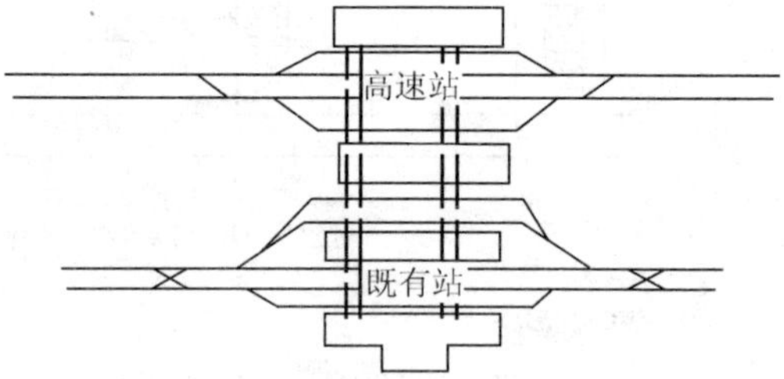

图 5.12　平面示意图

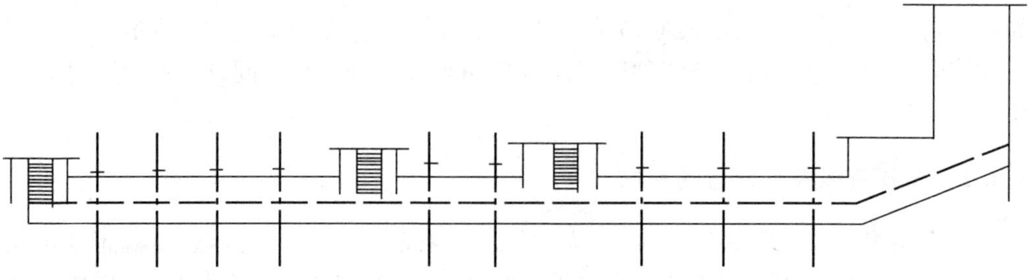

图 5.13　横断面示意图

(2)“高进低出”方案

立面布置为旅客流程以高架通廊(或高架候车室)进站,以地道出站的“高进低出”方案。这种方案适应客运量大的大型客运站。图 5.14 所示为南京高速站(原京沪高速铁路南京站比选方案之一现新建南京南站)与既有站以及地铁站的相互关系示意图。地铁 1 号线自小行站至迈皋桥站要穿越南京既有铁路站和规划建设的高速车站,在南京铁路车站附近必然要设地铁车站。地铁车站与高速站、既有铁路站换乘客流量很大,高速站与既有站之间也有一定数量的换乘客流。因此,地铁站与两个铁路站的位置关系,成为南京站站区总平面布置的最主要问题。

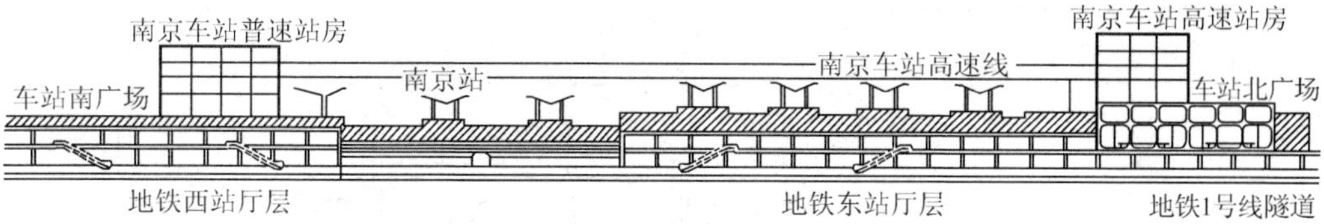

图 5.14 南京高速站与既有站及地铁站横断面图

乘车旅客流线通过高架走廊下到既有车站站台或进入高速车站上的高架候车厅下到高速车站站台,平、立面总体布置使得高架、地面、地下空间得以充分利用,并具有互不干扰的立体旅客流线。

2. 高速站为高架站与既有站紧靠并列的布置方案

(1)“低进低出”方案

利用高架站桥下净空作为高速旅客候车或进出站厅。与既有站以地道联系、高速与普速客车共用进出站地道。地道接通至高速站厅,旅客上下车需从高架站台至地面,再从地面至地道两层自动扶梯,如图 5.15 所示。为“低进低出”式,适合于客运量较少,高架桥较矮的车站。

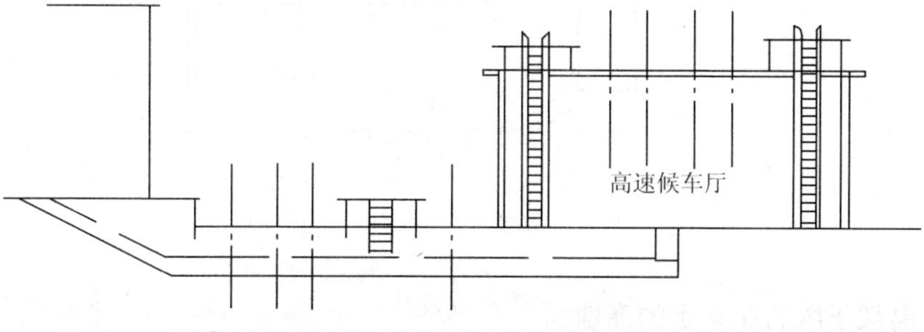

图 5.15 高架高速站与既有站“低进低出”断面图

(2)“高进高出”方案

高速旅客利用既有站房候车，以高架走廊联系高速站“高进高出”的立面布置。如日本新干线的一之关站，如图 5.16 所示。这种立面布置，在高速站桥下的站厅层亦为高架。由于高架走廊的高度受既有铁路净高限界控制，故要求高速高架站有足够的高度，大约高架站桥主梁梁底需距地面至少 10 m 。如果由此而引起需额外抬高整个高架站是不经济的，则需研究不抬高高架站的局部方案。可能方案之一是将高速站与既有站之间的距离稍微加大，使高架走廊能设一小段斜坡后进入高速站厅层，如图 5.17 所示。可能方案之二是利用两站之间原有的间距，高架走廊末端转 90°做成斜坡进入高架站厅层。

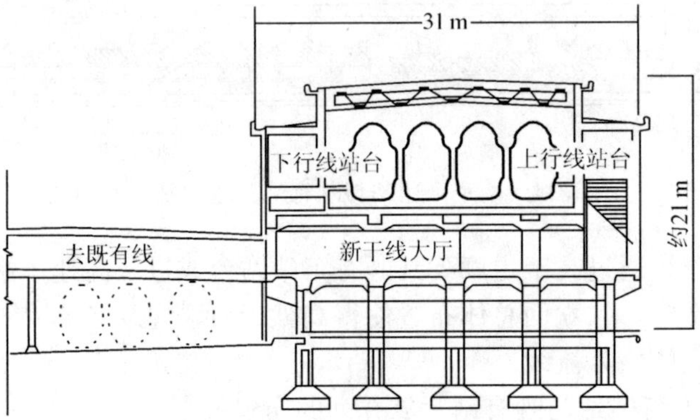

图 5.16 “高进高出”方案(一之关站)

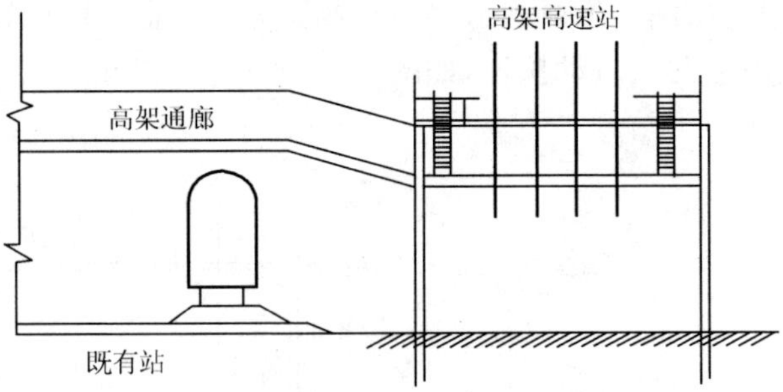

图 5.17 “高进高出”方案(降低高速站)

5.4.3 高架于既有站之上的高速站

位于市区的既有车站附近地区，如已是密集的建筑物，建高速站将需付出昂贵的拆迁代价，且因既有站连接有专用线等岔线，高速站不能落地，需高架，以便专用线在高速站下保持与既有站的连接。在此情况下，高速站既要高架增加大量工程造价，又要付出昂贵的拆迁费用，而且要解决复杂而困难的迁移安置问题。因而产生了将车站全部或部分高架建于既有站之上的方案。由于高速车站之下为既有站的股道和站台，上下两站的站台有时没有条件对齐，因此旅客流程不能简单采用“低进高出”或“高进低出”方式，只能根据具体方案分析采用各种不同方式。归纳起来，与既有站有关的高速高架站有以下三种类型：

1. 高速高架站与既有站靠近并列

高架站与既有站靠近并列，如图 5.18 所示。这种类型适应于既有站外侧有足够的高速车站用地，且拆迁建筑物较少。这种类型工作实施较简单，施工与运营基本无干扰。但旅客走行距离较长。

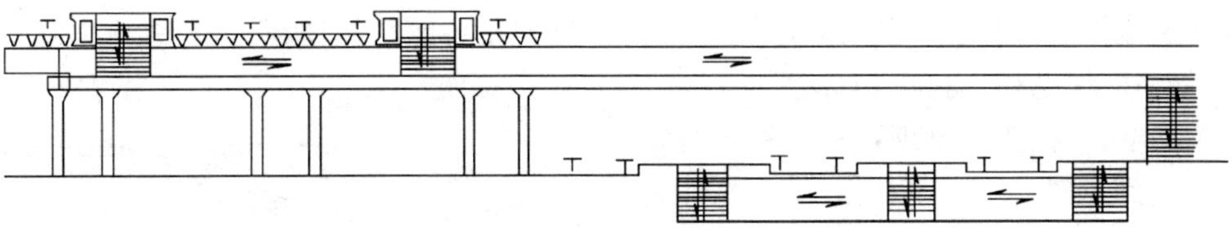

图 5.18　高架站与既有站紧靠并列示意图

2. 高速高架站部分重叠于既有站上

高速高架站部分重叠于既有站上，如图 5.19 所示。这种类型适应于需要减少高速站用地、减少拆迁建筑物或避开重要工业设施。这种类型工程实施也较容易，施工与运营干扰不严重，旅客走行距离较短。

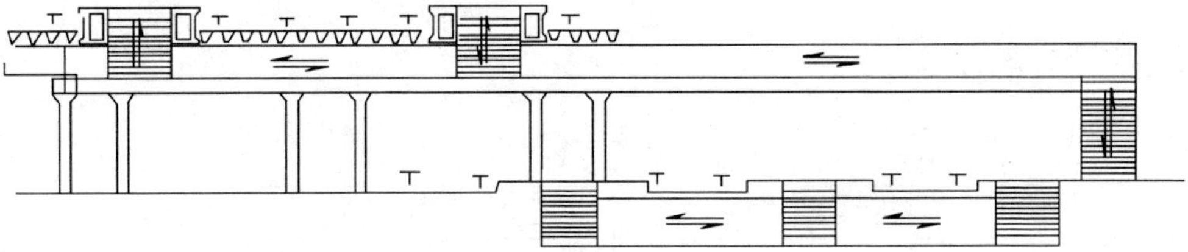

图 5.19　高速高架站部分重叠于既有站之上示意图

3. 高速高架站全部重叠于既有站上

高速高架站全部重叠于既有站上，如图 5.20 所示。这种类型适应于紧靠既有站外侧建筑物密集，拆迁工程很大，无空地可建站。这种类型工程实施困难、施工与运营干扰严重，旅客走行距离最短。

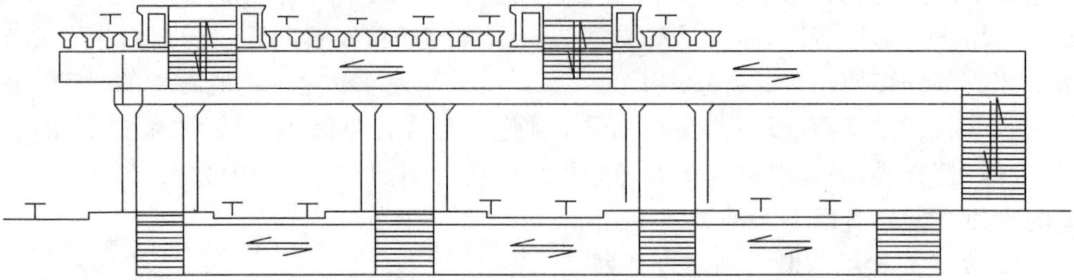

图 5.20　高速高架站全部重叠于既有站之上示意图

4. 高速高架站桥结构体系方案

高架站桥上的荷载总值很大，结构选择受到既有铁路限界和车站设备的限制，并需考虑施工条件和施工的可行性。需对高速高架站桥的结构体系，进行多方案比选。

(1)框架结构加桥面板体系

借鉴房屋建筑原理，整个高架站先形成空间框架结构，在其上为连续桥面板，可做成带肋条的正交异性板或简支梁，如图 5.21 所示。框架结构体系整体和稳定性好。

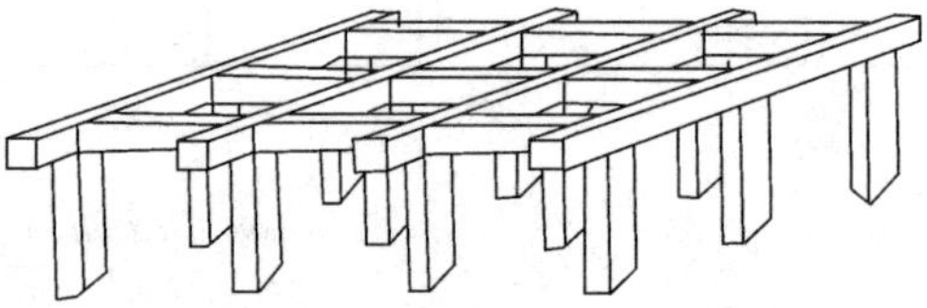

图 5.21　框架结构体系示意图

(2)组合体系

组合体系，为支承结构沿纵向是连续刚架或封闭式框架，其上设横梁，横梁上再架纵梁，如图 5.22 所示。本结构体系可采用小跨度纵梁(6～8m)，由于纵梁跨度小，横梁的高度有所降低。立柱在纵向以刚架连成一体，必要时可为封密框架，可控制基础沉降。

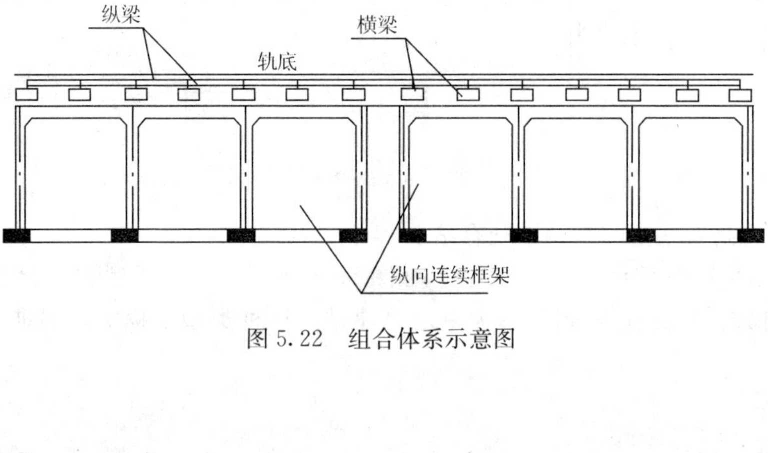

图 5.22　组合体系示意图

(3)纵横梁体系

纵横梁体系,其支承结构沿横向布置,其立柱可根据既有站股道设备的分布情况采用"见缝插针"的形式布置,如图 5.23 所示。支承结构之上架设纵梁,纵梁跨度视横梁间距可大小。

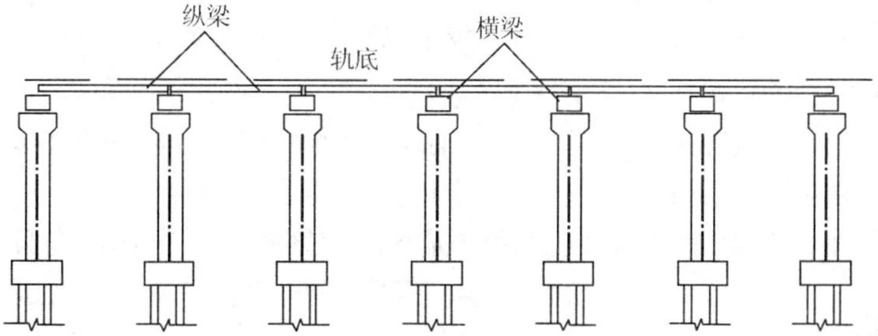

图 5.23 纵横梁体系示意图

5.4.4 利用既有站的高速站

高速车站利用既有站有以下两种情况:一是基本不改建既有站,原站作为高速与普速列车共用的车站;二是改扩建既有站成为具有高速车场和普速车场的车站,如北京、东京站。前者可简称为高、普速共车场的车站,后者为高、普速分车场的车站。

所谓高、普速共车场的车站是指高速列车和普速列车均可进入车站的任一股道或大部分股道。但实际上高速、普速列车基本上仍然是固定使用各自股道、只是咽喉区有灵活进路通达对方股道。高、普速分车场的方案,有两种平面布置方式:一是咽喉决然分开,列车不能进入对方车场。二是高速线与普速线共咽喉引入,虽然分两个车场,但相邻部分股道也可共用。因此,共车场和分车场并不具有车站图型比较选择问题,而是根据各站具体情况自然形成。

1. 高、普速共车场的车站平、立面布置

高、普速共车场的车站,可以界定为:全部利用既有站、高速正线在站外与既有正线连接、利用既有正线进站、高速正线不直接引入既有站的车站。

如法国东南 TGV 高速线在巴黎里昂站的前方约 28 km 处接上既有线,京沪高速线在距上海约 5.3 km 的上海西站接上既有线(或距上海站约 15 km 的南翔站接上既有线的方案)。由于这些车站咽喉没有新线引入,高速列车和普速列车均利用既有进路,也无必要改建这些车站的咽喉布置,因为它们本来就是畅通各股道的。所以形成了高、普速车共用车场,这种车站也都已具有良好的旅客流程。故可维持原有的平、立面布置,无须改建。

如既有上海站为具有 7 座站台 13 条到发线的大型客站，设有站场上的高架候车厅和地道，旅客流程为“高进低出”，设有南、北站房，明珠线轻轨铁路车站在车站北侧，1 号地铁站在站房南侧。旅客出站和换乘较方便。沪宁城际铁路利用其作为高、中速列车的少部分始发终到车站，高速客流和普速客流共用全套客运设施，基本上无须改造。新建的沪宁城际铁路正线在南翔并行沪宁铁路经上海西站终点上海站，利用上海西至上海站间既有线 6.727 km，故车站咽喉基本上亦可不予改建。

上海站原为京沪、沪杭两条干线客车始发终到站。根据枢纽总图规划，当沪宁城际铁路、京沪高速铁路建成前先建成上海南站、上海虹桥站。沪杭线始发终到客车转移到上海南站办理。上海站将可承担沪宁城际铁路和京沪高速列车、中速和普速客车始发终到作业，必要时也可始发少量沪杭方向旅客列车。虽然没有分出沪宁城际高速车场和普通车场（没有必要改建咽喉），但可基本固定北侧 6～7 股道作为高速列车到发线，南侧剩余股道作为其他列车到发线，但也可灵活使用，如图 5.24 所示。

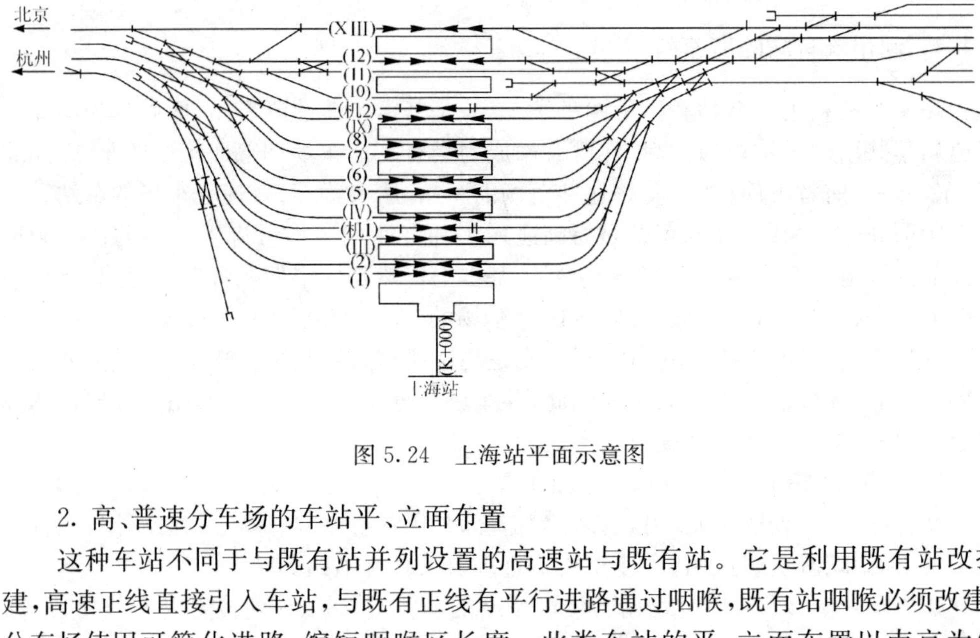

图 5.24　上海站平面示意图

2. 高、普速分车场的车站平、立面布置

这种车站不同于与既有站并列设置的高速站与既有站。它是利用既有站改扩建，高速正线直接引入车站，与既有正线有平行进路通过咽喉，既有站咽喉必须改建。分车场使用可简化进路、缩短咽喉区长度。此类车站的平、立面布置以南京为例说明。

南京站于 2005 年改扩建投入运营时，有 4 个站台，7 条到发线。当沪宁城际铁路引入后，增建 3 座中间站台和一座基本站台，现有线路 1 条增加停靠站台与城际站台合用。扩建后全站具有 6 座中间站台、2 座基本站台，14 条到发线，其中普速场 8 条，城际场 6 条。原两座南站房进站天桥向北延伸，新建无柱站台雨棚，新建北站房。

南京站站房运用立体化的交通组织，旅客进出站采用“高进低出”流线，进站可以乘车通过高架环形车道直达二层平台进入候车大厅，地下出站大厅与地铁南京站及停车场相连，旅客可以选择地铁、出租车、社会车辆及公交车换乘，在国内铁路站房建设中首次实现了真正意义上的“零换乘”。

5.4.5 建于地下的车站

地下站也是受拥挤的市区所限，不能在地面建站，与高架站同样是为了利用立体空间建设高速车站。

高速铁路地下站的规模比城市地铁站大得多，施工比地铁更加困难、投资巨大。因此，世界上高速铁路的地下站为数很少。只是在经过其他建站方式充分比选之后，确定不能利用地面和地上空间时，才有可能选择地下建站的方式。如东京市内的上野站、华沙市中心的中央站、巴黎市内的蒙帕纳斯站那是受客观条件所限而建。蒙帕纳斯站仅站台层在地下，站厅层在地面上。我国京沪高速铁路南京高速站为了减少拆迁建筑物和改善高速线平面条件，也曾初步研究过地下站方案，但因造价昂贵、技术复杂缺乏经验而未予深入研究。

地下站有其少占用或不占用土地等特殊优点，其旅客流程基本上与城市地铁车站相同。地下高速站的平面布置应将车站总宽度减至最低限度，以减少投资和施工难度。

5.5 高速铁路车站设计的一般规定

5.5.1 平面设计的一般要求

1. 主要建筑物和设备至线路中心线的距离

主要建筑物和设备至线路中心线的距离，见表 5.2。

表 5.2 主要建筑物和设备至线路中心线的距离

序　号	建筑物和设备名称		至线路中心线的距离(mm)
1	跨线桥柱、天桥柱、电力照明和雨棚等杆柱边缘	位于正线一侧	≥2 440
		位于站线一侧	≥2 150
		位于站场最外站线的外侧	≥3100
2	旅客站台边缘	位于站线一侧	1 750

续上表

序　号	建筑物和设备名称			至线路中心线的距离(mm)
3	连续墙体、栅栏、声屏障边缘	位于正线或站线外侧（无人员通行）		路基面外
4	接触网柱边缘	位于正线一侧	无砟	≥3 000
			有砟	≥3 100
		位于站线一侧		≥2 500
		位于站场最外站线的外侧		≥3 100

注：1. 有砟轨道线路考虑大型养路机械作业时，序号 1 主要建筑物和设备至线路中心的距离采用3 100 mm；

2. 接触网边缘至线路中心的距离，困难条件下，位于正线一侧不应小于 2 500 mm，位于站线一侧不应小于 2 150 mm。

2. 相邻线路中心线线间距离

在直线地段上，站内两相邻线路中心线的线间距离，按表 5.3 规定。

表 5.3　车站线间距

序号	线　别		线间设施	线间最小距离(mm)
1	区间正线、站内正线	300 km/h	无	4 800
		350 km/h		5 000
2	正线与相邻到发线间		无	5 000
			声屏障	5 940＋结构宽
			接触网支柱	有砟轨道：5 600＋结构宽
				无砟轨道：5 500＋结构宽
			高架候车室、天桥柱、雨棚柱等	4 590＋结构宽
3	到发线间或到发线与其他线间		无	5 000
			接触网支柱	5 000＋结构宽
			高架候车室、天桥柱、雨棚柱等	4300＋结构宽
4	正线与其他线间		无	5000

注：当线间有多项设施时，线间距应通过计算确定。

3. 到发线有效长

到发线有效长应根据高速铁路运行客车的种类、性质、长度及有关规定选用，有效长的选用应经过充分论证。根据《高速铁路设计规范(试行)》规定车站到发线有效长度应为 650 m,并应按双进路设计。尽端式车站到发线有效长度可采用 575 m。当高速线引入既有客运站,且车站改建需引起大量的工程时,经技术经济比较,到发线有效长度可维持既有长度。

4. 到发线数量

旅客列车到发线数量应根据运输组织模式(本线、跨线旅客列车共线运行)、客流量和运输性质确定。运输性质系指列车越行、立即折返、始发、终到、有无动车段(所)等。

(1)越行站和中间站到发线数量

借鉴国外高速铁路经验结合国内情况,考虑越行站办理四交会,即上下行都具备本线列车越行跨线旅客列车条件,应设 2 条到发线;考虑中间站除办理本线列车越行、跨线列车和时速 350 km 的列车越行时速 300 km 的列车外,还要办理客运业务,故设到发线 2~4 条,有少量折返作业时其停站时间较长,到发线数量可适当增加。

(2)始发站到发线数量

始发站到发线数量应根据列车种类、作业性质、停站时分和列车对数确定。列车均需停站的站内正线,可全部按到发线计算;如以始发、终到列车为主,仅有少量的列车不停站通过,站内正线可以适当考虑按到发线计算。

关于始发站列车换算对数(对)和到发线数量(条)的关系,按下列因素计算确定:

①非高峰时段各种旅客列车占用到发线的时分:始发本线列车为 20.5 min,终到本线列车为 20.5 min,停站的通过本线列车为 14 min,始发跨线旅客列车为 24 min,终到跨线旅客列车为 22 min,立即折返本线列车 20.5 min。

②到发线利用率:一股道为 0.55~0.65,平均为 0.6,即每天利用 10.8 h。

③始发、终到本线列车占用到发线时分:平均为(20.5+20.5)/2=20.5 min,以该种列车占用到发线时分为基准时分即系数为 1.0。

④列车换算对数与到发线数量的对应关系见表 5.4。

表 5.4 列车换算对数与到发线数量的关系

列车换算对数(对)	到发线条数计算	采用值(条)
70	2×(70 列×20.5 min/列÷60 min)÷10.8 h=2×2.21	5
110	2×(110 列×20.5 min/列÷60 min)÷10.8 h=2×3.48	8
150	2×(150 列×20.5 min/列÷60 min)÷10.8 h=2×4.75	10
190	2×(190 列×20.5 min/列÷60 min)÷10.8 h=2×6.01	12

⑤换算系数 α 值计算

始发、终到本线列车(立即折返):扣除动车组出入段平均时分为 3.5 min,$\alpha=$

(20.5－3.5)/20.5＝0.83，取0.9；

停站的通过本线列车：α＝14/20.5＝0.68，取0.7；

始发、终到跨线旅客列车：α＝(24＋22)/(20.5×2)≈1.12，取1.2；

停站的通过跨线旅客列车：列车到、发时分比本线列车各加1 min，α＝(14＋1＋1)/20.5＝16/20.5＝0.78，取0.8；

⑥始发站到发线数量可按表5.5确定。

表5.5　始发站到发线数量

列车换算对数	到发线数量(条)(正线除外)	列车换算对数	到发线数量(条)(正线除外)
≤70	5	111～150	8～10
71～110	6～8	151～190	10～12

注：①表中到发线数量的幅度，可按换算列车对数的多少对应取值。

②列车对数的换算系数如下：

始发终到本线列车(出入段)为1.0；

始发终到本线列车(立即折返)为0.9；

停车通过本线列车为0.7；

始发终到跨线旅客列车为1.2；

停车通过跨线旅客列车为0.8；

③以始发、终到列车为主，仅有少量不停车列车通过的始发站上的正线，可以适当考虑按到发线使用。

根据《京沪暂规》国际咨询情况，日本、德国、法国在车站设计中，均考虑了高峰时段列车到发对车站规模的要求。故到发线数量除满足表5.5的要求外，尚应满足在高峰时段列车密集到发的需要。由于高峰时段客流量相对集中，为避免车站规模过大，高峰时段列车密集到发时，列车占用到发线的时分按较小时分考虑。

高峰时段列车占用到发线的时分：始发本线列车为12 min，终到本线列车为12 min，停站通过本线列车为11 min，立即折返本线列车24 min。始发跨线旅客列车为17 min，终到跨线旅客列车为15 min，平均为16 min。按上述列车占用到发线的时间标准，可确定高峰时段每条到发线办理的列车对数为2.5对，同时尚应满足运行图铺画的要求。

5. 到发线接轨

联络线、走行线、段所区及其他岔线应尽量与站内到发线接轨。困难条件可在正线出岔衔接。与到发线或正线接轨，均应设安全线。当与到发线接轨时，如站内有平行进路及隔开道岔时，可不设安全线。

6. 平面标准

枢纽内高速铁路正线的平面标准宜与区间一致。困难条件时，新建始发站两端正线平面条件可经技术经济比较选择。当利用既有站及其引入正线，条件困难时，经技术经济比较，平面条件可维持现状。

枢纽内位于疏解区的高速铁路之间、高速铁路与普通铁路之间的联络线，其平面标准可按地形地貌条件，进行方案比较确定。

当车站咽喉采用 18 号道岔时，列车到发进路上的曲线半径不应小于 800 m；采用 12 号道岔时，按现行国家标准《铁路车站及枢纽设计规范》(GB 50091—1999)(以下简称《站规》)的有关规定执行。

列车到发进路上的曲线应设计外轨超高，曲线超高值根据平面曲线半径以及列车通过速度计算确定，并应符合允许欠超高、允许过超高以及过、欠超高之和允许值的规定，且不应小于 20 mm。

列车到发进路上的曲线应设缓和曲线，缓和曲线长度应根据列车通过速度、曲线设计超高、(欠)超高时变率、超高顺坡率计算确定，且不应小于 20 m。当曲线半径大于等于 1200 m 时，可不设缓和曲线。

7. 站场路基及排水

车站内线路中心线至路基面边缘的距离应满足以下要求：站内正线与区间正线标准相同；车场最外侧到发线不应小于 4.4 m，其他线路不应小于 3.5 m，且最小路肩宽度不应小于 0.6 m。

站场路基基床应符合下列规定：车站内正线路基基床标准应与区间正线相同。当到发线与正线处于同一路基时，到发线路基应与正线标准相同。当到发线与正线间设有纵向排水槽、站台等设施时，到发线路基可与正线路基分开设置。

路基面排水横坡：车站到发线路基基床表层顶面、基床底层顶面及底面应设置4%倾向两侧的排水横坡，其他站线路基面排水横坡不宜小于 2%。纵向排水槽宜设于到发线与站台之间。横向排水槽不宜穿越正线。排水槽底宽不应小于 0.4 m，当深度大于 1.2 m 时，底宽应采用 0.6 m。

8. 动车组走行线及其他站线

始发站与动车段、所之间的连接走行线应设 2 条。走行线与正线宜避免进路交叉，可设立交疏解。困难条件，并经计算咽喉能力满足需要时可不设立交疏解。

在有中速列车更换机车作业的高速铁路车站上，应在更换机车作业端设机待线。机待线单机走行不应与高速列车到发进路发生交叉干扰，以保证安全。如有段、所等走行线衔接，也可在靠近咽喉端处的走行线上出岔设机待线。在有 12 对/日及以上更换机车中速车作业的车站上应设 1 条机车走行线，机车走行线应设在高速到发线外侧。

综合维修工区与车站呈纵列连接时，至车站衔接处的走行线应有最长养路作业车列加 50 m 的长度，以便进行调车作业。当呈横列连接时应设牵出线。

其他站线、段、所、区与车站的连接线路及其管内线路平面设计要求按《站规》规定办理。

5.5.2 纵断面设计的一般要求

1. 车站到发线有效长范围内宜设计为一个坡段，坡段长度在困难条件下站台范围内不宜小于 450 m。其他站线可采用不小于 50 m 的坡段长度。

2. 考虑到高速铁路的最大坡度较大，故规定顺接坡道的坡度不宜大于 6‰。由于到发线有效长停车范围两端均设有安全过走距离，故顺接坡道范围为道岔终端后普通轨枕至停车标起点。

3. 位于枢纽内高速铁路疏解区范围内的联络疏解线，其最大坡度可根据牵引计算确定，但不应大于 20‰，最小坡段长度可不小于 300 m，在特别困难时可不小于 200 m，但两相邻竖曲线不应重叠。

4. 动车段(所)、综合维修段(工区)、大型养路机械段内的线路纵断面，应满足车辆不会自行溜逸和便于进行检修作业等要求，宜设在平道上。在困难条件下需设在坡道上时，参照国外资料并结合我国具体情况，动车段(所)内的线路坡度不应大于 1‰，综合维修段(工区)、大型养路机械段内的线路坡度，参照国外设计标准并考虑便于机具设备的装卸，统一规定为不大于 1‰。

动车段(所)、综合维修段(工区)、大型养路机械段的咽喉区有可能进行调车作业，故规定可设在不大于 2.5‰的坡道上，同时还考虑便于与走行线间较陡的坡度连接；在特殊困难条件下，该标准可适当降低，参照现行普通铁路场、段牵出线标准，确定为不大于 6‰。

由于我国目前主要大型养路机械技术性能适用的线路的最大坡度为 33‰。因此与动车段(所)、综合维修段(工区)、大型养路机械段连接的走行线的坡度根据机车(或动车组)和各种维修车的牵引性能并参照国外设计标准确定最大不应大于 30‰。如相邻坡段的坡度差大于 5‰时，参照普通铁路的站线标准，设置相应的竖曲线。

5. 牵出线上的作业比普通铁路货场或其他场、段牵出线上的取送作业简单，比照现行牵出线坡度的规定确定其坡度值不宜大于 6‰。综合维修段(工区)应设置牵出线以满足维修车出入走行要求，其坡度可根据各综合维修段(工区)的性质及维修车的特性等具体情况确定。

复习思考题

1. 简述高速铁路车站的分类和车站作业特点。
2. 简述高速铁路中间站站坪长度如何确定?
3. 简述高速车站分布原则。
4. 结合我国高速铁路车站图形分析其特点。
5. 从车站平面、立体的总体布局,简述高速铁路车站布置方案的特点。
6. 高速铁路车站到发线数量是如何确定的?
7. 简述高、普速车站共车场、分车场的平立布置的优缺点?
8. 简述高速车站平面、纵断面设计的规定。

6 高速铁路客运设备及段、所布置

6.1 客运设施

6.1.1 旅客站房

旅客站房地面高程与站台面高程的关系有下列三种形式：

线平式——站房地面高程与站台面高程相差很小或相同。

线上式——站房地面高程高于站台面高程。

线下式——站房地面高程低于站台面高程。

站房的设计高程应结合地形合理利用其高差，设计成线平式、线上式或线下式等布置形式。采用线上式或线下式布置，应使旅客从广场、站房经由天桥或地道到站台有最小的升降高度。

大城市的客运站，当受城市建筑物或用地的限制时，可结合当地的地形、地质和水文条件，经过对技术上的可能性、工程投资的大小和对城市的影响等比较后，可设计为站房和线路为多层的立体式客运站。

6.1.2 旅客站台

1. 国外高速铁路站台的计算方法

日本和俄罗斯等国虽然研究了站台宽度的计算公式，他们都是以一列车上下车乘客人数、上车候车人均所需面积、波动系数以及上、下车乘客速度等因素来考虑的。例如莫斯科铁路运输工程学院提出的计算公式见表 6.1。

日本新干线站台宽度计算由以下两项内容组成：

(1)上车旅客的候车和下车旅客所必需的宽度。

(2)站台楼道部分所需宽度(包括楼道宽度)。

以上计算方法，因为很难准确预测一列车的上下车人数，各单项指标也很难定准(如站台上人员密度日本为 1.43 人/m^2、俄罗斯为 1.0 人/m^2)，其计算结果，一般只有 7 m，过于偏小，故仅能作为参考。实际上日本等国的站台宽度已在有关规范中予以规定，如新干线构造规范中已明确：两侧使用的站台宽度应在 9.0 m 以上，单侧使用的应在 5.0 m 以上。

表 6.1 旅客站台宽度计算

布置图	确定站台宽度 b 的计算公式		客流大于或 $g=3$ 时最小宽度(m)
	当站台不设服务亭时	站台上设服务亭(宽度为 A)	
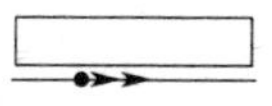	$b=\dfrac{N_{计}+K_{不均}P}{L_{站台}}+g$ (1)	—	4
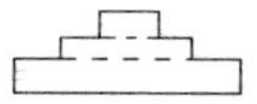	$b=\dfrac{(N_{计P}-F)K_{不均}}{L_{站台}}+g$ (2)	—	4(在旅客站范围内为 6)
	$b=\dfrac{\sum N_{计}K_{不均}P}{L_{站台}}+2g$ (3)	按公式(3)计算,但 $b \not< 2g+a+1$ (3a)	8(有服务亭时为 $7+a$)
	$b=\dfrac{\sum N_{计}K_{不均}P}{L_{站台}}+g+1$ (4)	按公式(4)计算,但 $b \not< g+a+2.5$ (4a)	6(有服务亭时为 $5.5+a$)
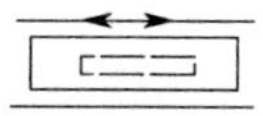	按公式(1)计算	按公式(1)计算,但 $b \not< a+g+0.5$	4~5(有服务亭时为 $3.5+a$)

表中:$N_{计}$——计算的候车旅客人数,对于岛式站台上同时等候上、下行列车时采用 $\sum N_{计}$;

$K_{不均}$——旅客在站台上分布的不均衡系数;

P——每一旅客所占的站台面积,取为 1.0 m^2;

L——旅客站台的长度,m;

g——站台侧算起的最小安全距离,m;

a——站台上服务亭宽度,m。

决定站台宽度的因素,除了有高速列车通过正线一侧的站台外,基本上与普通铁路相同。高速铁路客车密度大,分摊到每列车的上下旅客人数,相对地少于普通铁路,故与普通铁路的站台宽度差别不大。

2. 站台上旅客(及工作人员)的安全距离

当站台一侧为正线,并有不停站的高速列车通过时,其安全距离要考虑因高速列车通过时,环绕车体的气流压力对人体安全影响而需要加宽。为此,日、德等国均进行了高速列车通过时站台上旅客安全距离的实测试验。图 6.1 为东海道新干线热海站测试的结果。热海站是不设到发线的车站,站台设在正线两侧外,单面使用。

图 6.1 中关系式为:

$$U=v\left[1-\left(\frac{0.92\times\frac{1}{3}}{y}\right)^{n}\right] \tag{6.1}$$

式中 U——列车风速,m/s;

y——距车体侧面的距离,m;

x——列车长度,m;

n——试验常数,0.09;

v——列车运行速度，取 250 km/h。

试验认为，气流对人体的安全限度为风速 9～12 m/s，相当于 20～25 kg/m^2 的压力。

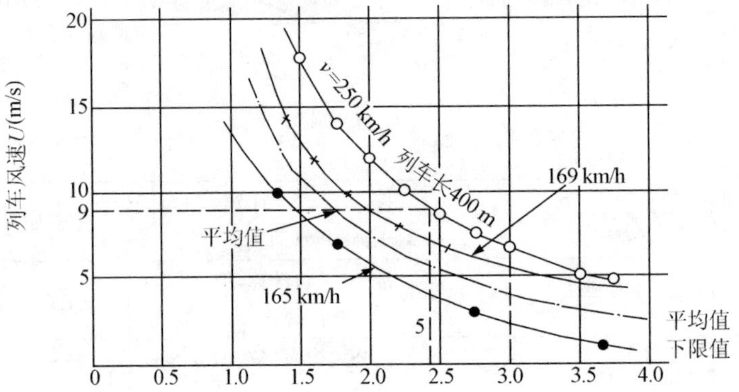

图 6.1　距离车体侧面的距离

从图 6.1 中可查出相对于列车风速为 9～12 m/s 的距车体侧面的距离为 2.4～2.0 m。新干线规范正线线路中心至站台边的距离为 1.8 m。车厢半宽按 1.6 m 计，则自站台边缘算起的安全距离为 2.2～1.8 m。为安全起见，热海、神户等站在距站台边缘 2.5 m 处安装了带有自动门的防护栅栏，如图 6.2 所示。

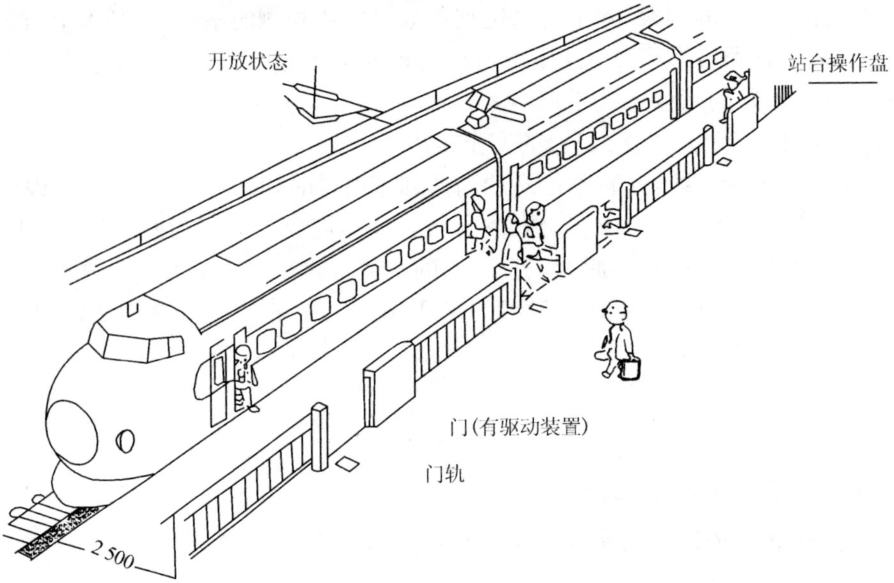

图 6.2　新干线热海站自动安全门

当装设安全防护栅栏后，站台的安全距离可以为 2.0 m，如新干线的横滨车站，在有通过列车的岛式站台边缘 2.0 m 的位置上设了同样的防护栅栏。

3. 旅客站台长度的确定

旅客站台长度是按列车长度加前后富裕长度确定的。由于高速铁路只考虑动车组运行，站台长度计算，按动车组 16 辆编组计，每辆车长度 26.0 m，车底长度按420 m考虑。故站台长度考虑动车组前后各加 15 m 的停车余量，确定旅客站台长度为 450 m。只停留 8 辆编组动车组的车站站台长按 230 m 设置，困难条件下不应小于 220 m。

4. 旅客站台宽度的确定

基本站台宽度主要由站房或小型站的行车室突出部分边缘至站台边缘的距离确定，对于大型站为安排较大规模迎送活动并与站房建筑景观相协调，该距离宜采用 15～20 m。中型站为满足旅客上下车和一些小型运输工具车掉头作业的需要，此距离可选用 12～15 m。小型站该距离可适当减少，但不宜小于 8 m，该距离系考虑设置检票栅栏和工作人员活动空间以及避免旅客在检票口前拥挤所必需的空间；若设置的旅客地道正对站房处时，该距离不应小于 10 m，考虑地道边距建筑物的边缘有一定的宽度，满足人员的通行。

基本站台上旅客通道的出入口设在站房范围以外地段时，该处基本站台宽度除需满足其邻线旅客乘降外，还需满足中间站台旅客经由基本站台进、出站的需要，根据客流量的大小，其宽度不应小于侧式中间站台宽度。当旅客通道的出入口设于基本站台站房范围以内时，站房范围以外的宽度根据客流量可适当减少。

中间站台宽度 B 由以下几项组成(如图 6.3 所示)：旅客通道出入口宽度 b_1，通道边墙厚度宽 b_2，边墙边缘至站台边缘的距离 b_3。

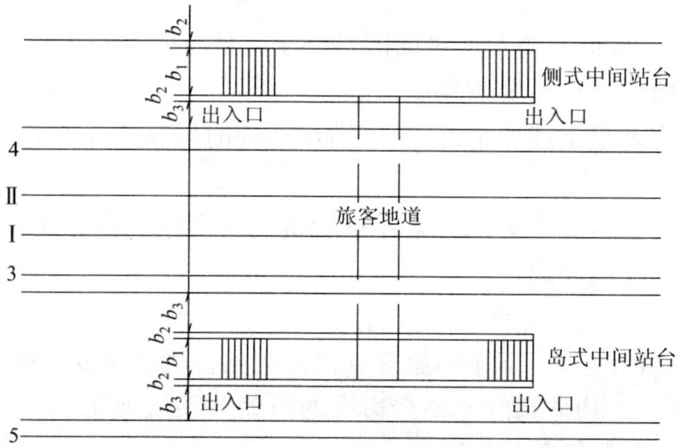

图 6.3　旅客站台宽度组成示意图

出入口边墙厚度：根据建筑设计的需要，旅客进出站出入口边墙高速铁路的车站采用不锈钢栏杆，需要宽度 b_2 为 0.25 m。

岛式中间站台宽度：

大型站 $b_1=5.0$ m，$b_2=0.25$ m，$b_3=3.0$ m；$B=b_1+2b_2+2b_3=11.5$(m)。

中型站 $b_1=3.5$ m，$b_2=0.25$ m，$b_3=3.0$ m；$B=b_1+2b_2+2b_3=10.0$(m)。

小型站 $b_1=3.0$ m，$b_2=0.25$ m，$b_3=3.0$ m，$B=b_1+2b_2+2b_3=9.5$(m)。

侧式中间站台宽度：

大型站 $b_1=4.5$ m，$b_2=0.25$ m，$b_3=3.0$ m，$B=b_1+2b_2+b_3=8.0$(m)。

中型站 $b_1=3.5$ m，$b_2=0.25$ m，$b_3=3.0$ m，$B=b_1+2b_2+b_3=7.0$(m)。

小型站 $b_1=3.0$ m，$b_2=0.25$ m，$b_3=3.0$ m，$B=b_1+2b_2+b_3=6.5$(m)。

由于列车运行中会带动车体周围的空气一起运动，形成列车风，将对线路附近人员产生气动作用。根据铁道科学研究院的试验，钝型列车速度 160 km/h，人员所承受的气动力允许值 100 N 时，站台安全退避距离为 1.80 m。由于 300 km/h 的高速列车为流线型，根据仿真计算和风动试验，得出以气动力允许值为标准，站台安全退避距离小于或等于 160 km/h 钝型列车。故规定当站台位于有列车不停车通过的正线一侧时，站台上设置的安全退避距离应采用 2.0 m，并设置防护栅栏。因站台位于有列车不停车通过的正线一侧时，站台上设置 2.0 m 的安全退避距离和防护栅栏，站台的有效长度会减少或需要加宽站台，因此规定有高速列车通过的正线两侧不宜设置站台。

站台上设有旅客进出站通道和其他房屋时，边墙边缘至站台边缘的距离主要根据旅客通过和等候上车的需要、残疾人轮椅的通过及消防车的通行要求等因素确定。消防车的宽度一般采用 2.50 m，再考虑 0.5 m 的安全宽度，故边墙边缘至站台边缘需要的宽度为 3.0 m。残疾人轮椅车通行需要的宽度为 1.40 m，站台边缘至安全白线的宽度为 1.0 m，考虑轮椅车通过的同时仍能满足有一个行人通过的宽度 0.6 m，则考虑残疾人轮椅车通过需要的宽度为 3.0 m。

站台宽度除应满足上述要求外，尚应满足高峰时段站台上最高聚集人数的使用需要，其宽度计算公式为：

(1)列车未到站时，上车等候的旅客只能站在安全线以内等车，旅客不能占用站台边缘至安全防护线的距离。

$$\text{边墙边缘至站台边缘的距离}=QP/L+K$$

(2)列车进站停车后，上下车的旅客可以占用站台边缘至安全防护线的距离。

$$\text{边墙边缘至站台边缘的距离}=Q_{\text{上、下}}P/L$$

式中 Q——上车或下车旅客人数；

$Q_{\text{上、下}}$——上下车旅客人数，包括换乘的旅客人数；

P——站台上人流密度；

L——站台计算长度；

K——站台边缘至安全防护线的距离。

经计算，在大型站上，此宽度不应小于 3.0 m。

根据上述分析，对于中、小型车站，由于车站规模相对较小，规定此宽度困难条件下不应小于 2.5 m。既有线改造时，车站因受现状条件限制，加宽站台将大大增加工程费用时，站台上建筑物边缘至站台边缘的距离其中一侧可减少，但不得小于《标准轨距铁路建筑限界》中规定的为保证站台上旅客安全的最小距离 2.0 m。

根据《高速铁路设计规范(试行)》规定旅客站台宽度应根据车站性质、站台类型、客流密度、安全退避距离、站台出入口宽度等因素确定，见表 6.2。

表 6.2 旅客站台宽度

名 称	特大及大型站(m)	中型站(m)	小型站(m)
站房(行车室)突出部分边缘至站台边缘距离	15.0～20.0	12.0～15.0	≥8.0 通过对站房处≥10.0
岛式中间站台	11.5～12.0	10.5～12.0	10.0～11.0
侧式中间站台	8.5～9.0	7.5～8.0	7.0～8.0

注：当通道出入口设于基本站台站房范围以外地段时，基本站台宽度不小于侧式中间站台标准。

5. 旅客站台高度的确定

为便于旅客上下，站台高度应高出轨面 1.25 m。

站台结构：站台高度 1.25 m 的站台墙宜采用现浇或预制钢筋混凝土站台墙，当站台下有人员通行时采用图 6.4 形式。

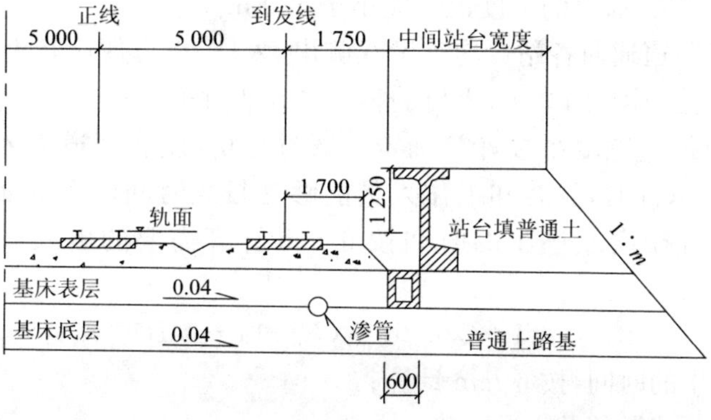

图 6.4 站台下有人通行的站台墙和排水沟形式图(单位：mm)

站台宜设在直线上。站台设在曲线上时，曲线半径不宜小于 800 m，采用 12 号道岔时，困难条件下，曲线半径不应小于 600 m。

站台安全标线与站台边缘距离为 1.0 m。安全标线宜采用黄颜色，并应与提示盲道合并铺设，宽度不大于 250 mm，不小于 17 mm。

站台端部最小宽度不宜小于 5.0 m。站台两端应设置台阶或坡道及防护栅栏，设宽度不小于 1.0 m 的栅栏门，并标有禁行标志。

站台设置动车组列车停车位置标，设置位置由铁路局规定。该标志为表面采用反光材料的蓝底白字牌，8 辆编组写有“8 辆动车组停车位置”，16 辆编组写有“16 辆动车组停车位置”。

6.1.3 旅客跨线通道的设置

高速铁路的行车速度高，站内设置平过道对人身和行车安全极为不利，故规定站内不得设置平过道，需要跨越铁路时，必须设置地道或天桥。

旅客跨线通道(地道或天桥)的数量，高速铁路无特殊要求，故应按《站规》办理，即地道、天桥的数量：省会城市和地级特大城市的车站，日均上、下车人数在 15 000～75 000 人以下的客运站，天桥、地道设置宜不少于 2 处。地级大城市和县城的车站，天桥、地道不少于 1 处。有近郊、通勤、通学等大量短途客流的车站，宜另增单独旅客跨线通道，以与长途旅客流程分开。

天桥、地道的宽度应根据客流密度确定。旅客进出站的组织应避免通道内有对流现象。通道的宽度主要取决于一次下车或同时进站的旅客最大人数。大型站进、出站通道应分别设置，当聚集人数在 10 000～3 000 人及以上的大型客运站，通道的宽度不应小于 8.0 m；当聚集人数在 3 000～600 人时，不应小于 6.0 m；聚集人数在 600 人以下的小型站，通道的宽度也不应小于 4.0 m。

旅客进出站通道通向各站台均宜设双侧出、入口，以方便旅客出入。站台的出、入口因位置或其他原因，两个出、入口的客流量并非对等。

双侧出入口最小宽度系按计算确定。通过分析，旅客地道出入口宽度主要受站台上发生意外事件时，旅客和工作人员能够在较短时间内全部撤离或逃生。参照地铁设计规范，撤离或逃生的时间按 6 min 计算需要的出入口宽度。计算公式为：

$$T=1+Q/0.9[A_1(N-1)+A_2B] \tag{6.2}$$

式中 T——逃生的时间，按 6 min 计算；

Q——需要疏散的总人数；

A_1——自动扶梯通过能力，人/(min·m)；

A_2——楼梯通过能力，取 70 人/(min · m)；

B——楼梯总宽度；

N——自动扶梯台数。

由上式计算确定出入口宽度 b_1。

客流量较大时，基本站台和岛式中间站台的双侧出入口宽度可适当增大，但侧式中间站台仅邻靠 1 条到发线，故站台的出入口宽度可按最小宽度值确定。

当通道出入口设有自动扶梯或升降电梯时，通道出入口宽度的确定尚应满足设置自动扶梯或升降电梯的宽度要求。

高速铁路车站旅客站台出入口宽度见表 6.3。

表 6.3　旅客站台出入口宽度

名　称	特大及大型站(m)	中型站(m)	小型站(m)
基本站台、岛式中间站台	5.0～5.5	4.0～5.0	3.5～4.0
侧式中间站台	5.0	4.0	3.5～4.0

6.1.4　高速车站名称规定

(1)车站名称应与车站所在地地名一致，且在全国范围内不应有相同的车站名称。

(2)车站位于城市城区或近郊的，应使用该城市的名称命名。当车站位于县、乡(镇)或村所在地时，应当以县、乡(镇)或村庄的名称命名。

(3)城市城区或近郊内设置多个车站时，其中办理客运业务最主要的车站使用该城市的名称命名，其他主要车站可使用该城市名称加该站实际地理位置的方位词(东、南、西、北)命名，也可使用车站当地小名命名。

(4)城市内非主要或位于城市远郊区的车站，不应使用城市名称或城市名称加地理方位词的方式命名。

6.2　段、所、区平面布置设计

6.2.1　动车段(检修基地)、所平面布置

1. 高速列车的运行方式和乘务制度

高速动车组运行，具有相对固定的编组。不论是动力集中式还是动力分散式

的动车组，列车两端都有司机室，不必进行机车换挂或转头作业。高速列车动车组运行里程或时间在各修程规定的范围内，常采用大套用的运行方式，在折返站立即折返。

为了提高高速动车组的使用效率、提高日车公里产值，高速列车实行轮乘制乘务制度。

2. 检修修程及范围

参照日、德、法诸国高速动车组现行检修修程及范围，结合我国路情，我国高速动车组实行计划预防修，分为运用检修和定期检修，修程修制各型 CRH 的检修主要分为一、二、三、四、五个等级，其中一、二级检修属于运用检修，在动车运用所进行；三、四、五级检修属于定期检修，在动车基地或主机厂进行。

(1)一级检修

一级检修周期为每次累计运行 4 000 km 或 48 h 内，检修依据为铁道部颁发的各型动车组一级检修作业办法。

(2)二级检修

二级检修由多个不同检修周期的专项修组成，检修依据是铁道部颁发的各型动车组二级检修计划表中预防性维修项目和维修卡片之要求。为充分利用检修资源，安排检修计划时需坚持均衡检修的原则，将不同周期的部分专项修分解到一级检修计划中，使每次入库的检修都由例行的一级检修加上不同的专项修构成。这既保证检修计划的按期兑现，又能保证不因实施二级检修造成停运。在有备用动车组情况下，将部分工作量较大、作业难度较高的二级(专项)检修采用替换下线、集中检修方式进行。CRH_1、CRH_2、CRH_3、CRH_5 二级检修周期分别为 15 d、3 万 km 或 30 d、2 万 km、6 万 km。

(3)三、四、五级检修

三、四、五级检修采取扣车修的检修方式进行，检修周期因动车组类型不同而有所区别。根据动车组检修实际情况，四、五级检修后的动车组，必须进行试运行，距离不得少于 500 km。

检修等级 CRH_1、CRH_2、CRH_3、CRH_5 三级修 120 万 km、45 万 km、120 万 km、120 万 km，四级修 240 万 km、90 万 km、240 万 km、240 万 km，五级修 480 万 km、180 万 km、480 万 km、480 万 km 在检修基地形成能力之前，动车组三、四、五级检修由主机厂负责实施。主机厂做好工艺改造、施修方案、配件准备等工作，严格按规程、工艺施修。同时，对检修基地的作业人员进行培训，提供检修技术支持。

个别情况下，动车组既未达到日检走行公里数又需较长间隔时间才能执行下一次任务时，需入段停留待班进行必要的技术作业。

3. 动车组检修工艺流程

动车组是全密封不摘钩整列入动车段检查、整备和维修，也可根据需要摘钩成两个半列入库进行检修，这是一种全新的维修模式。

根据高速动车组入段作业的性质，大致可分为三种维修流程(注：轮对踏面检查每 4 d 进行一次，不落轮镟轮间隔 $10\sim12\times10^4$ km)，如图 6.5 所示。

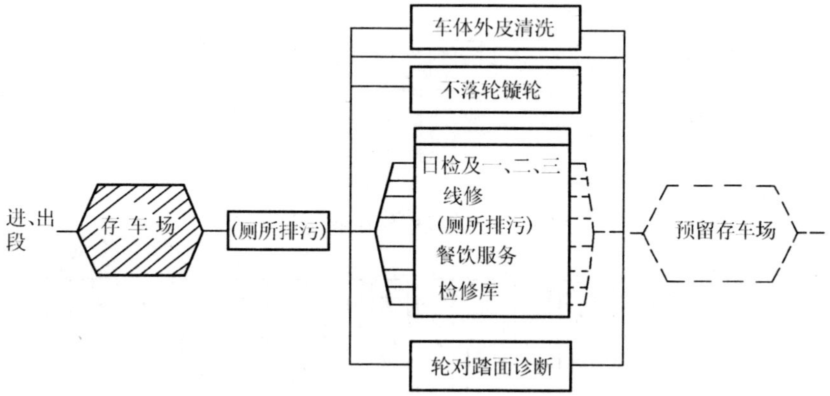

图 6.5 动车组检修工艺流程

广州动车基地检修作业流程如下：

(1)一二级检修进出库作业流程

作业流程：广州南站→存车Ⅰ场(司机交接)→踏面诊断→存车Ⅱ场(吸污、排水、端面清洗、机械师及三大件交接)→一二级检修库(一、二级检修，专项修，三大件检修，客运整备)→存车Ⅱ场(质量联检)→外皮清洗→存车Ⅰ场(出段交接)→广州南站。

(2)临修进出库作业流程

广州南站→存车Ⅰ场(司机交接)→踏面诊断→临修库(临修)→中部牵出线(转线)→存车Ⅱ场(吸污、上水、端面清洗)→一、二级检修库(一、二级检修，专项修，三大件检修，客运整备)→存车Ⅱ场(质量联检)→外皮清洗→存车Ⅰ场(出段交接)→广州南站。

(3)三级检修作业流程(如图 6.6 所示)

(4)四、五级检修作业流程(如图 6.7 所示)

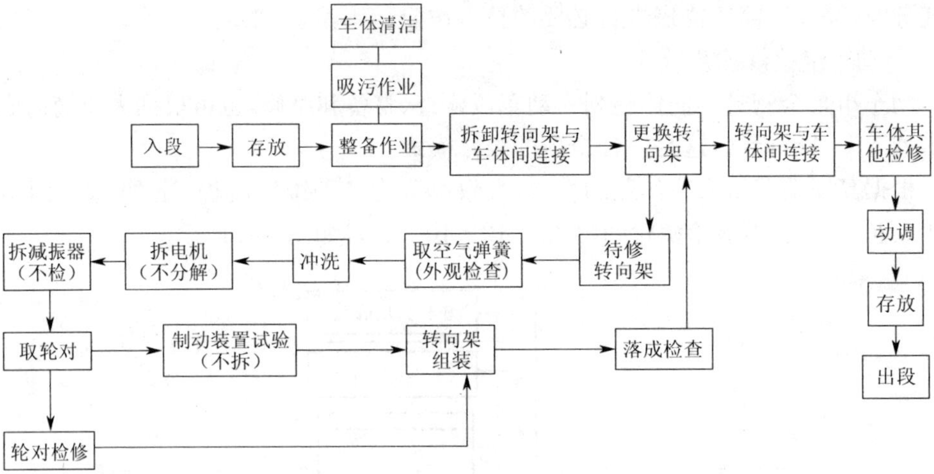

图 6.6　三级检修作业流程

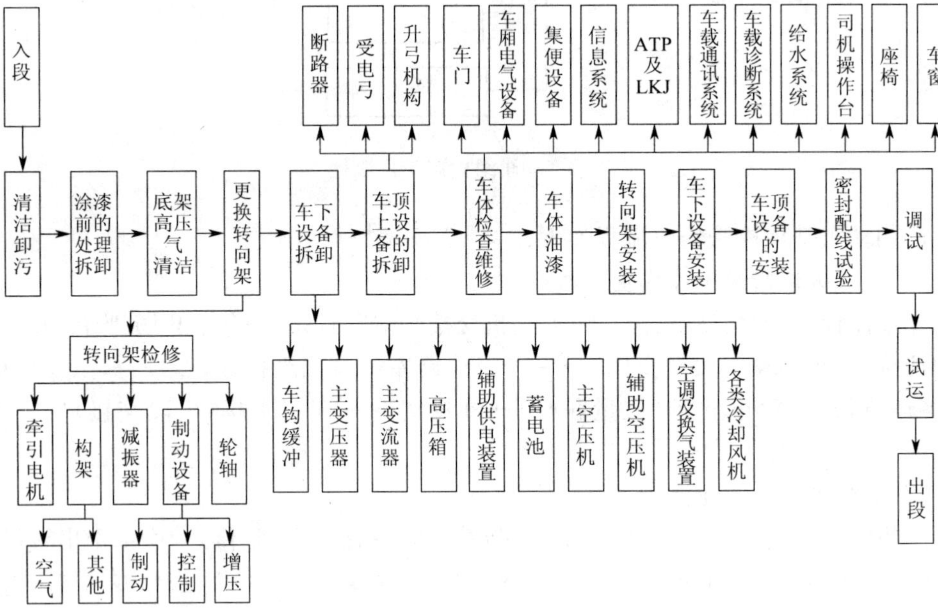

图 6.7　四、五级检修作业流程

4. 动车段总平面布置方案

(1)总平面布置原则

①满足工艺流程要求。动车组走行和作业顺畅，减少动车组在段内的折角走行

和走行距离。

②合理布置生产房屋、道路系统，利用间隔空地布置生态平衡小区。

③充分利用场地、因地制宜。总布置方案要结合场地条件，布置紧凑，减少用地。

(2)总平面布置方案

总平面布置可归纳有以下三种基本类型方案：

①纵列式方案

纵列式方案，即存车场与检修库成纵向排列布置。该类方案由于基本上可实现流水作业程序而被广泛地采用。国外纵列式布置的动车段有如日本上越新干线的新潟动车段、东海道新干线的东京动车段、山阳新干线的博多动车段、仙台动车段以及德国汉堡动车段等。我国京沪高速铁路设计的上海动车段亦为纵列式。广州动车基地为纵列式。

②横列式方案

横列式方案，即存车场与检修库成横向并列布置，如法国巴黎的沙地翁动车段，距大西洋高速铁路始发站蒙帕纳斯约 5 km。

③其他形式方案

其他形式方案，包括存车场与检修库部分横列、部分纵列或其他因受场地控制而形成的总平面布置方案，如日本的大阪第二车辆所，经逐步扩建而成为特殊的布置形式；法国的兰地高速动车段是随地形而布置。

6.2.2 动车运用维修所平面布置

动车运用维修所一般设于始发终到列车较多的始发站，有配属动车组，承担日检、临修和存车任务。维修所一般设有 2 线日常检修库及根据需要的存车线。其规模较小，一般采用横列式平面布置，如日本山阳新干线的冈山、广岛，我国京沪高速铁路设计的南京等维修所也同此类型。如适应地形条件也可设计为纵列式布置。

6.2.3 动车运用所平面布置

动车运用所不配属动车组、不作动车组的日检作业，只承担存车任务，必要时还进行临修和检查作业；运用所一般仅配设少量存车线，一般宜采用横列式布置。

6.2.4 综合维修工区、大型养路机械段(工区)平面布置

综合维修管理区、大型养路机械化工务段和大型养路机械维修段的平面布置，应

满足作业、设备存放和维修、管理及附属设施的需要。在平面布置设计中，还应特别注意的是布置紧凑、减少用地。房屋等建筑物设施应尽量并栋、多层建设，不应在区内或段内再分专业小区。

6.3 段、所、区与车站的布局及连接

高速铁路为了能正常运营，与普通铁路一样，沿线按需要设置一些客车运营整备和检修养护检测维修等基地和管理机构。这些基地多数要在车站出岔，与车站布局和设计关系密切。

6.3.1 段、所、区的分布

1. 高速列车检修基地分布

高速列车检修基地承担高速动车组除厂修以外的全部修程，规模大、占地多，又称高速动车段。我国京沪高速铁路设计在起终点站北京、上海各设一个高速动车段，考虑京哈高速铁路在天津接轨，故在天津预留一个高速动车段位置。

2. 高速列车运用检修所

设在有较多始发(终到)高速列车的枢纽站，如京沪高速铁路设计在南京设运用维修所。运用维修所除存车外还担任高速动车组的日检或小修任务。

3. 高速列车运用所

设在有少量始发(终到)高速列车的重要车站，如京沪高速铁路的蚌埠站，只作动车组存车之用。

4. 综合维修管理区

作为工务、水电、接触网等检测、养护维修设备基地和基层管理机构。参照日、法等国原则上每 50 km 左右设一处。

5. 工务段

国内外(高速线)大体都是 150～200 km 设一个。

6. 大型养路机械化段

其任务为维修养护大型养路机械，约 10 个综合管理区范围设 1 个，即 500～700 km设一个。

7. 其他

其他如中速机车整备所等根据需要设置。

京沪高速铁路徐州—上海段设计的段、所、区分布示意图，如图 6.8 所示。

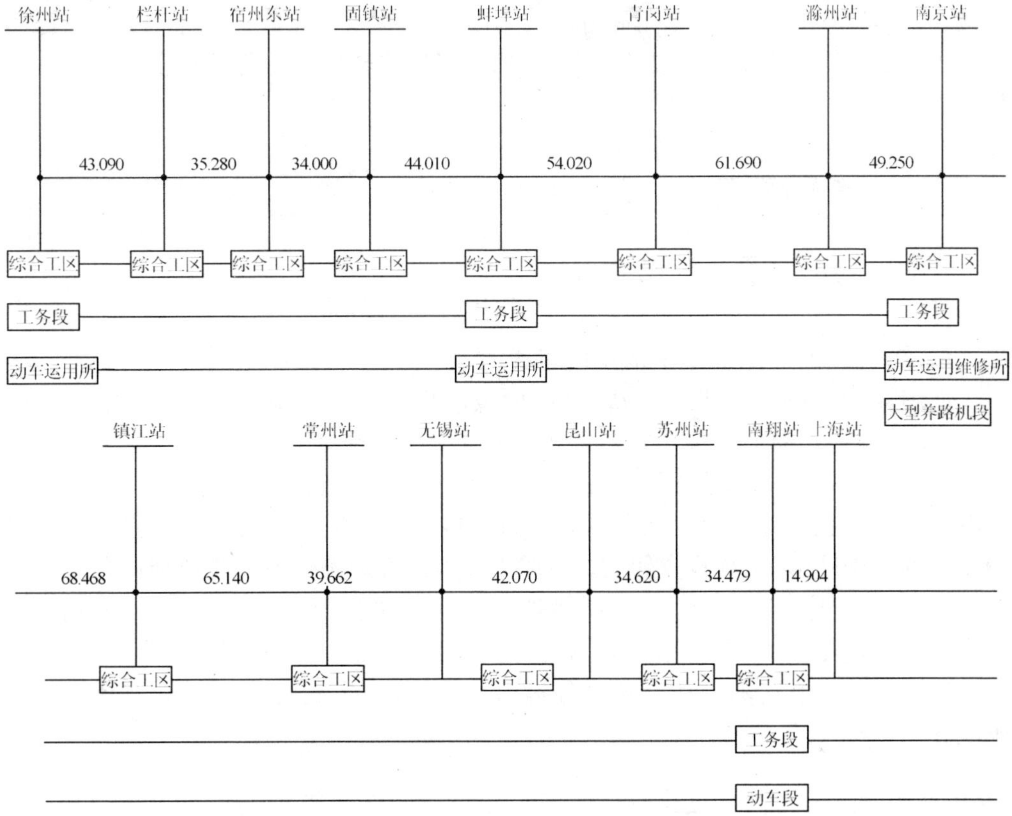

图 6.8　京沪高速铁路徐州—上海段设计的段、所、区分布示意图

6.3.2　段、所、区与车站的布局

1. 段、所、区与车站布局的要求

(1)高速动车段、所与车站要有方便、独立的进出通路。

(2)段、所、区位置应结合地形,选择拆迁少和工程量少的场地。

(3)段、所、区位置尽可能考虑较好的工程地质、排水和与外部联系等条件。

(4)段、所、区用地大,尽可能选在旱池、荒地,避免占用或少占用良田。

(5)场地选择要结合城市用地规划的可能。

2. 高速动车段、所与车站的布局

(1)终端式终点站与段、所成顺列布局

如图 6.9 所示,终端式车站与段、所顺列式布局能使车站咽喉作业均衡,一端咽喉接发列车，另一端咽喉动车车底进出动车段，两者无交叉干扰。此布局不需修建车底进出段走行线与正线的立交疏解，故工程投资也是较省的。条件许可时应选用此种布局形式。

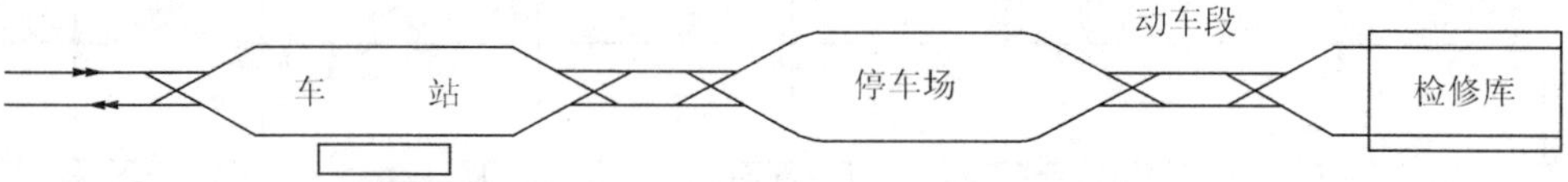

图 6.9　终端式车站与段、所顺列式布局

(2)终端式终点站与段、所成反向布置

如图 6.10 所示，终端式车站与段、所成反向布局的形式，是由于车站已在市区，顺车站方向延伸地带位于密集的市内甚至是城市中心地区，无法按顺列式布局而采用的。这种形式的主要缺点在于列车到发和车底进出段都在一端咽喉，造成咽喉能力紧张且一部分到发列车和车底进出段必然产生平面交叉。因修建走行线与正线的立交疏解，工程投资较大。有时因在市区客观条件不允许修建此种立交疏解，走行线只能与正线并行引入车站，咽喉交叉干线更为严重。不过由于高速列车车底为了加速周转，提高使用效率，正常情况白天都不进段，车底是“早出晚归”。故交叉干扰多在早开始发车时和夜接近停运时，可采取一定的行车组织措施减轻交叉干扰。

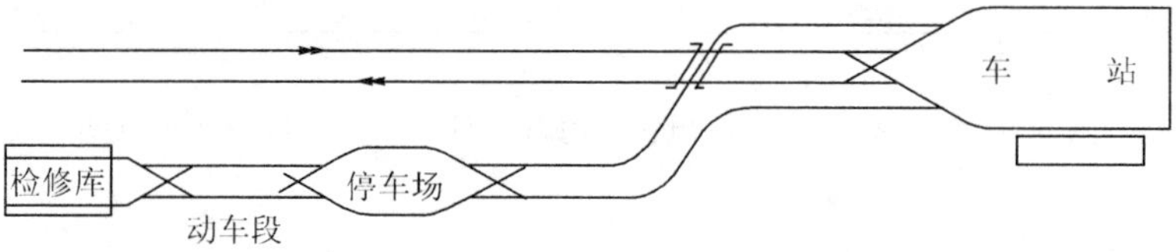

图 6.10　京沪高速铁路徐州—上海段设计的段、所、区分布示意图

(3)贯通式车站与段、所的顺列布置

如图 6.11，贯通式车站与运用维修所的顺列布局是常用的形式，为京沪高速线的济南、徐州、南京等站运用维修所均属此种布局。

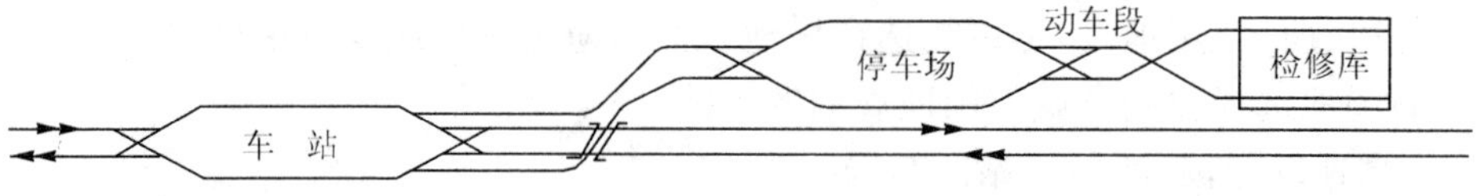

图 6.11　京沪高速铁路贯通式车站与运用维修所的顺列布局示意图

(4)贯通式车站与段、所的并列或斜并列布置

多为规模小的运用所与车站的布局,如京沪线的蚌埠站。

(5)正线外包段、所并与车站纵列的布局

此布局使用方便。但高速线技术标准很高,一般难以做出这种布置。

3. 综合维修区与车站的布局

(1)综合维修区分布较广,应尽量在车站附近,以走行线与车站在咽喉连接。综合维修区可设于车站两端任何象限,可与车站顺列也可横向并列,也可斜向设置,以工程量少和维修车列走行方便为原则。

(2)如设在车站附近,将引起造价大增时,综合维修区也可设在区间,从正线出岔衔接。如京沪高速线在常州和无锡站间设的浒墅关综合维修区。

(3)综合管理区应尽量与工务段、动车段所等设在一处. 以共用走行线和减少用地。

6.3.3 段、所、区与车站的连接

1. 综合维修区与车站的连接

综合维修区分布广、数量多,并要求与车站或正线有便捷的通路连接。如果工区走行线与上下行正线以立交方式连通,虽然便捷,但为数众多的工区将需大量建设投资。因此需慎重研究。

京沪高速铁路设计中,分析了工区的维修车列只有在夜间高速列车停运时间或当高速线临时出现故障不能运行客车时才可能驶入正线。高速列车停运时,维修车列驶入或越过一条正线均不存在交叉和安全问题。"天窗"时段内如有少量中速车运行不会影响维修车列走行。只有当区间一条正线出现故障,另一条仍正常运行,而维修车列需跨越正常线才能进到故障线时,立交才起作用。然而这种几率非常少。因此,京沪高速铁路设计的综合区均不设与正线的立交。工区走行线可在车站一侧到发线出岔,也可在咽喉区与某方向正线直接连接。

2. 动车段、所与车站连接

(1)动车段与车站间走行线应尽量设置在正线两侧。其中一条以立交穿越正线。这种连接可以有效地减少到发列车与车底走行在咽喉区的交叉干扰。在特别困难情况下,两条走行线也可设于正线一侧平行正线引入车站。此时,咽喉应有尽可能多的平行作业通路。

(2)动车运用维修所和运用所因始发终到高速列车较少,且发车和收车与通过列车时间往往错开、咽喉交叉少。运用维修所与车站的连接,一般采取与正线立交方

式，当运用维修所工程条件困难和运用所的走行线可不与正线立交，可设一条走行线与车站到发线连接。

复习思考题

1. 我国高速铁路旅客站台宽度是如何规定？
2. 简述我国高速车站名称规定。
3. 简述动车组检修修程及范围。
4. 简述高速动车段所与车站的布局形成的优缺点。

7 高速铁路引入大城市铁路枢纽设计

高速铁路通过大城市既有铁路枢纽牵涉面广，问题复杂，取决因素多而情况各异，因此很难找到普遍性的规律。在实际工作中主要是针对各个不同枢纽的实际情况设计方案和各种实际问题。

从实质上看，高速铁路通过枢纽，要处理好两方面的问题：一是高速铁路本身的主要设施在功能造价和工程实施等方面的合理性与可行性。二是高速铁路主要实施与既有（和规划）铁路设施，城市有关设施的结合和协调。此外还必须注意的是城市内修建高速铁路具有许多特点，为适应这些特点，工程上应采取灵活措施。

7.1 利用枢纽内既有铁路及车站的技术要求

7.1.1 既有线可能利用的情况

就目前国外高速铁路和我国高速铁路研究的情况看，高速正线利用既有线的可能情况，大体上可分为两种。

1. 利用既有客运站

利用既有的大型客运站作为高速铁路的客运站，或作为高速铁路与其他铁路共用的客站。既有客运站多半已衔接有2条双线及以上正线，位于市区内，引入高速铁路线路十分困难。另一方面，由于沿某既有线方向的高速铁路线路建成后，绝大部分客运量转移到高速铁路线上，该既有线引入车站的正线，将仅保留少量客车，因而能力富裕，有可能与高速铁路正线共用。

这种情况如法国东南TGV线在巴黎的起点站——里昂站，位于巴黎市区东南部的既有终端式车站。站外约有30 km的正线位于市内，难以再增加新线引入，故东南TGV线在站外与既有正线衔接，利用既有正线长约28 km，如图7.1所示。又如在京沪高速铁路设计方案之一中，就计划利用现有上海站，如图7.2所示。前方站上海西站与上海站间已有京沪正线2条和沪杭正线2条，区间不走行货物列车。上海南客站建成后，往杭州方向客车特大部分移至新站办理，故该区间四线能满足高速铁路引入后能力需要，且位于市区受建筑物和五座上跨铁路线路的大型城市道路立交影响，不可能再增加2线，因此该区间沪宁城际高速正线必然利用既有京沪正线，高速车与普通客车共线运行。

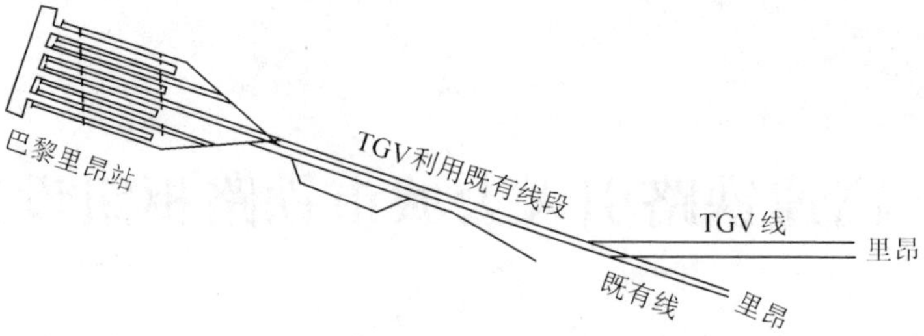

图 7.1　里昂站高速线引入示意图

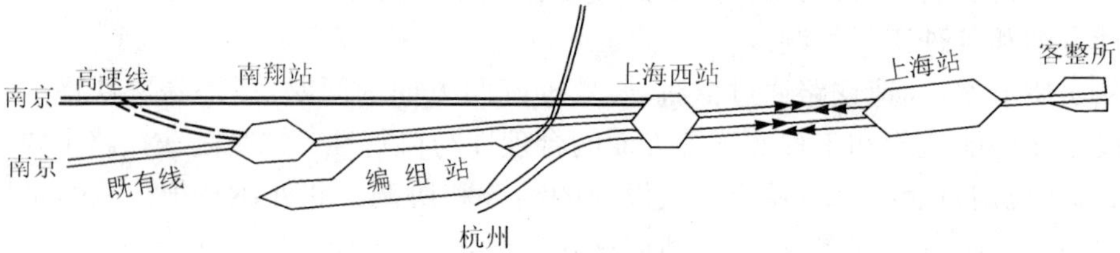

图 7.2　沪宁城际高速铁路引入示意图

2. 利用区间既有正线

高速铁路列车在某段既有线与其他列车共线运行。高速铁路与既有线相间连接成为高速通道。以德国为典型代表。

图 7.3 所示为 1995～1996 年德国与已建成和正在施工高速铁路有关的这部分路网中两个重要通道：柏林—汉诺威—法兰克福以新建高速线为主，间有两段较短的既有线共用，科隆—法兰克福—曼海姆—慕尼黑，也是由新建成的科隆—法兰克福、斯图加特—慕尼黑高速铁路和既有铁路组成。这种做法是根据德国既有路网一些区段的技术条件和行车量而定，对所通过的既有线进行改造速度提高至 200 km/h，或降速至 160 km/h。但其规划最终是高速新线成网。我国路网干线能力均已饱和，新建高速铁路不可能与既有干线区段共线，但在铁路枢纽内的某些区间，由于枢纽运输组织发生变化或修建了联络线，使区间能力空闲，通过提速改造是有可

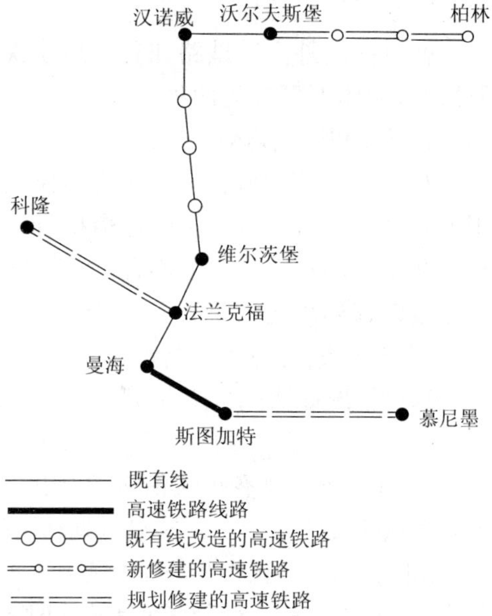

图 7.3　柏林—汉诺威和科隆—慕尼黑高速铁路利用既有线

能成为高速铁路的引入线。

7.1.2 高速铁路利用既有线的基本要求

(1)对高速铁路,要求被利用的既有线部分不运行货物列车。在夜间高速铁路列车停运的维修“天窗”内开行个别小运转货物列车可视为例外情况。高速客车只能与少量的同方向普通客车共线运行,但仅是在进出站引线上高速客车减速运行的地段。

(2)被高速线利用的既有线地段内不应有其他方向的岔线与之接轨。因为这将造成不安全和运营设备的不协调。

(3)被利用的既有线地段应进行能力适应性检算。能力检算应按高速铁路线路要求扣除“天窗”时间。

(4)高速列车在被利用既有线前后及利用地段所经过之道岔应设计为直向通过。

(5)被利用既有线地段的正线间距、路基基床、桥梁等技术标准均应与高速铁路列车在该段运行的速度相适应。否则将需进行改造加强,但改造加强往往十分困难,则采取高速列车限速,按维持既有设施标准所允许的速度运行。如果限速范围仅在进站高速列车制动距离范围内,基本上不会延长高速列车运行时分。若利用段较长,则将延长高速列车运行时分。此时应进行利用长、短或改造加固既有线的方案比选。

7.2 高速铁路通过铁路枢纽的设计要求

7.2.1 与枢纽总图规划相适应

铁路枢纽一般都经过了几十年的形成和运营,具有全套运营设施和管理体系。高速铁路有标准高等特殊要求,高速铁路建成以后,也将对既有一些铁路设施的作用发生变化。如新建高速客站运营后,既有站的客车将减少,枢纽内某些线路区间和交叉点的行车量也将减少,从而减缓原来能力紧张状况。可见高速铁路与枢纽关系密切,高速铁路引入枢纽,首先要从总图研究。

1. 与既有客运站的分布、分工

多数既有枢纽总图格局已经确定,因此高速铁路通过和引入,不致影响全局,无须重新研究总图规划或改变原规划。需着重研究的是高速与既有客运站分布、分工和高速铁路引入(通过)的具体位置走向、动车段、所等设施的位置方案等问题。

如北京枢纽图 7.4，京沪高速铁路引入未改变枢纽总图布局。高速铁路引入北京枢纽采用引入北京南方案后，京津城际、京沪高速铁路分别从东、西端沿既有铁路引入北京南站；京哈客运专线引入北京站；京广客运专线引入北京西站；京张铁路引入北京北站。各线引入北京枢纽方案均利用既有站，分方向引入中心城区，枢纽架构合理，旅客乘车方向感强，城市内形成多个客运站的布局为各个方向人员出行提供了便利，并能减缓城市交通压力，满足旅客集散的要求。

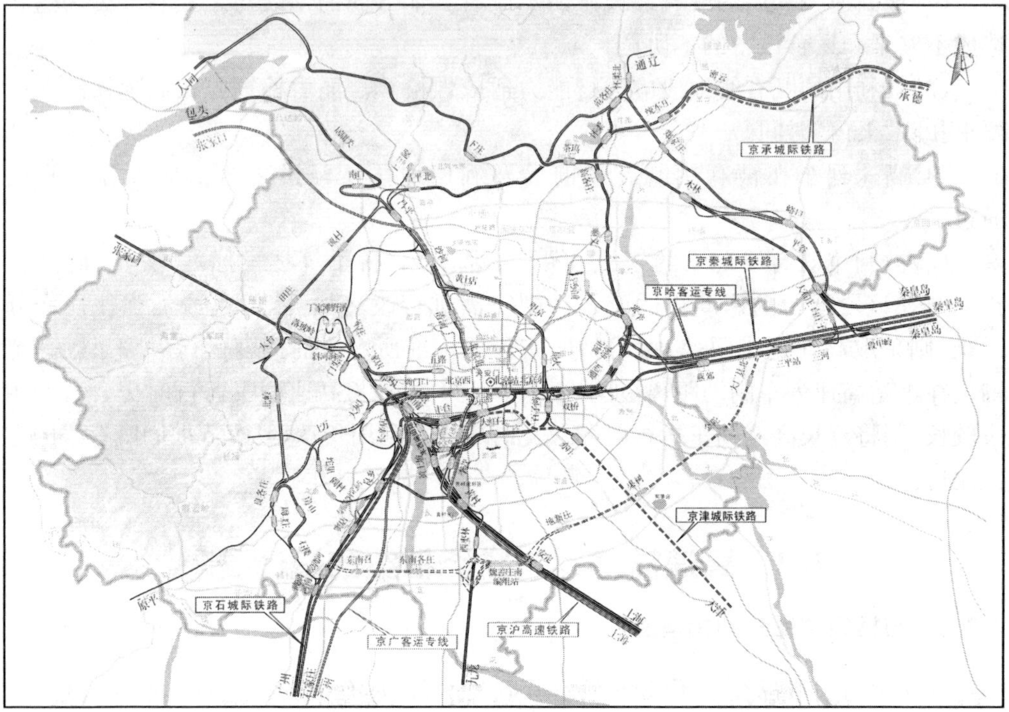

图 7.4　北京铁路枢纽总平面布置图

高速铁路引入大型枢纽，要充分考虑客运站铁路设施和城市交通配套设施的能力，应设置多个分工明确的大型客运站共同承担枢纽内旅客列车的始发终到和旅客的集散任务。

北京南站西咽喉区内既有的 4 线改建为 7 线，从北向南依次为京沪上行线、京沪下行线、动车组入段线、京沪高速铁路上行线、京沪高速铁路下行线、动车组出段线、京津城际铁路出入段线；东咽喉区内由既有的 2 线增至 4 线，从北向南依次为京沪上行线、京沪下行线，城际铁路下行线、城际铁路上行线。北京南站客运车场沿京沪线斜向布置。从北往南依次为普速、京沪高速、京津城际铁路车场。车站规模为 24 条到发线，设站台 13 座。其中北侧普速车场内设到发线 5 条，设站台 3 座；中部京沪高速车场设到发线 12 条，设岛式站台 6 座，设站后折返线 1 条；南侧城际铁路车场内设到发线 7 条，设站台 4 座，站后折返线 2 条，存车线 3 条。在各站台中部设有通往高架通廊的旅客进站通道，并设有通往地下出站厅的旅客通道，以方便旅客换乘地铁交通。

为了满足多站发车及相关线旅客列车上京津城际铁路的需要，规划了百子湾至亦庄上下行联络线，北京东至百子湾、百子湾至星火双线。

北京西站始发列车以及京石客运专线转京津城际铁路列车，经地下直径线、北京站、北京东、百子湾、亦庄站上城际铁路；北京站始发列车，经北京东、百子湾、亦庄站上城际铁路。

京包线转京津城际列车，经京包线沙河站转枢纽东北环线，经星火—百子湾既有线以及百子湾—亦庄新线上城际铁路。

京石城际转京津城际铁路列车，接入丰台站，经北京南站上京津城际铁路。

京沪高速铁路引入上海枢纽采用既有沪宁城际铁路的上海虹桥站图 7.5。上海虹桥站位于虹桥机场西侧与既有沪杭铁路外环线之间，沪杭既有线、沪宁城际以及沪杭甬客运专线、京沪高速铁路、沪杭城际线引入车站；按 16 台 30 线布置，其中：设高速(10 台 19 线)、城际兼普速(6 台 11 线)两个车场。修建沪宁城际铁路上海段引入线因城市建筑和街道众多立交难以改造而不能直接接入既有上海站，沪宁城际铁路上海段经安亭在黄渡岔开，支线南行至虹桥站，正线平行目前沪宁铁路经南翔、上海西至终点上海站，选在上海西站接轨，上海站至上海西站间已有京沪、沪杭 4 条正线，因上海南站建成，杭州方向始发车大多数移至上海南站，沪杭正线将较空闲，故从能力角度来看，沪宁城际铁路也没有必要再加两条线，其次是动车段位置选在南翔编组站以南较为开阔的地区；沪宁城际铁路上海西站至上海站将利用 6.7 km 的既有线路，但上海西站将进行相应改造。

以上两枢纽，当第一条高速铁路引入时，对高速铁路而言为终端式枢纽，当第二条高速铁路引入后，如京沪高速铁路引入北京南、沪宁城际高速铁路引入上海，虽然可以通过北京的直径线和上海的外环联络线，开行通过这两个枢纽的通过高速列车。但从高速铁路而言. 其格局仍然是终端式。一般情况，高速铁路引入终端式枢纽(对高速铁路而言)，由于不需穿城而过和枢纽格局已经确定，相对地影响较少，与总图关系也相对简单。

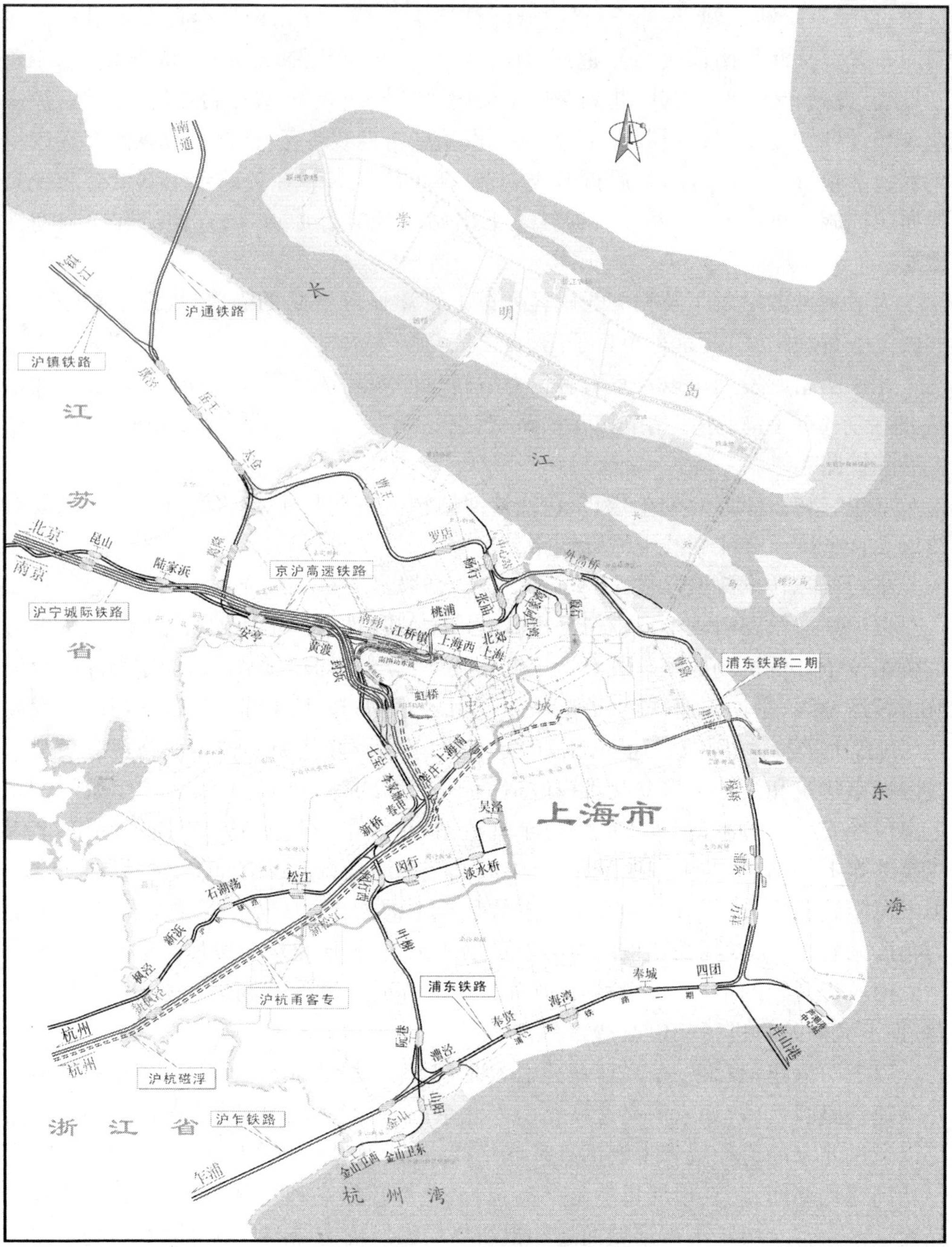

图 7.5　上海铁路枢纽总平面布置图

我们可以注意到，由于动车段的位置，从动车段与车站的关系和车站咽喉作业来看，无论是北京站、上海站或是东京站、巴黎蒙帕纳斯站都是不合理的。车底进出段和高速列车到发都是在一端的咽喉，这一端车站咽喉的高速列车作业较另一端咽喉的繁忙。这是出于车站的另一端已深入繁华市区，不可能修建动车段所致。同时考虑动车段车底进出大多为"早出晚归"，与普通客车不同，对咽喉交叉干扰相对好一些。

2. 与枢纽总图规划同步研究

总图格局尚未形成或总图规划尚未定论的枢纽、是因为路网规划的不确定因素，影响枢纽总图规划难以最终确定。高速铁路通过这种枢纽，问题就复杂多了。由于总图规划没有确定，高速铁路的走向和高速站的方案研究缺乏基础，研究结论也难断定其是否正确。为此，高速铁路引入或通过这种枢纽，需要与枢纽总图规划同步研究。

枢纽总图规划研究的基础是：路网规划各时期预测的客货运量、枢纽在路网中的作用、城市发展规划以及地形地貌、工程地质条件等。

枢纽总图规划需研究的主要问题：

(1)枢纽总图远景格局和规模；

(2)新线引入、增建复线接轨方案；

(3)客运系统布局，客站分布、分工、性质；

(4)货运系统布局，编组站等分布与分工；

(5)主要疏解区的构成；

(6)根据不同枢纽的其他重大问题，如沿河枢纽的过江能力、过江通道及位置等；

(7)高速铁路线路在枢纽内的位置、走向；

(8)多条高速铁路的衔接；

(9)高速铁路客运系统布局、高速客站数量、分布、位置；

(10)高速铁路客运系统与普通客运系统的关系、利用、改造等问题。

7.2.2 与城市规划相协调

1. 与城市轨道交通线网的协调

高速铁路车站客流量大，如 20 世纪 80 年代日本东京站东侧站房(即八重州方面)日均客流量达 40 万人、上野站达 94 万人。而且高峰时段密集到达或发送。高速站区成为城市最主要的客运交通枢纽，必须做好站区广场和城市交通的规划与建设。使密集的高速客流能迅速、方便地疏散到各类城市交通系统。站区的城市交通能方便地通达全市，站区附近应尽量减少或避免过境车流的通行，或以立交方式避免与进出车站的车流交叉干扰。

如南京南站是京沪高铁五大始发站之一，该站位于南京双龙大道、机场高速、绕城公路、秦淮新河围合的长方形区域内，占地 2 km²。除了从大胜关过江的京沪高速铁路、沪汉蓉（上海—南京—合肥—武汉—重庆—成都）铁路以外，南京南站正式启用后，还将引入宁安（南京—芜湖—安庆）和宁杭（南京—杭州）铁路，近期旅客发送量 4 413万人次，远期可达 5 822 万人次。规划中的南京铁路南站综合交通枢纽包括了铁路站、公路客运站、地铁站、公交站，并将建设到南京火车站、机场的连接线，实现五种交通模式的无缝转换。在铁路南站周围，规划了一级汽车客运南站与铁路南站将直接完成公铁换乘，最大限度实现"一个屋檐下，乘客不出站"。南京地铁 1 号线的南延线以及 3 号线都将在铁路南站的地下，与现在的南京站一样，上下出口直接换乘。另外，铁路南站与禄口机场将设计一条连接线。

2. 与城市发展相协调

城市发展与铁路建设关系，是长期以来的重要问题。从全局出发、互相密切配合，共同兴旺发达，否则将互相牵制甚至造成本可避免的损失。

城市不能没有铁路，铁路促进城市发展，这是不容置疑的一个事实。如湖北的襄樊市，没有铁路以前工业产值仅 1 亿～2 亿元/年，焦枝、襄渝铁路通车后，20 世纪 90 年代初工业总产值达到了 244 亿元，成为鄂西明珠城市。湘西山区小镇——怀化，湘黔和枝柳铁路通过后，很快发展成为生气勃勃的一个中等城市。浙江的宁波和温州，原来经济水平不相上下，但温州由于长期没有通铁路，经济发展大大落后于宁波。自从 20 世纪 90 年代中期金温铁路通车以后. 温州和沿线城市得以迅猛发展。京九铁路南段为赣南地区长期滞后的经济注入了生机。20 世纪 60 年代初开始的西南铁路大建设，为大西南经济发展作出了历史性的贡献。在国外许多城市的发展过程中，同样说明了铁路对城市是多么的重要。铁路是国家"大动脉"，"大动脉"为城市"输血"，为城市间提供主要交往通道，给城市带来繁荣。

在我国经历了近 50 年来城市与铁路共同发展之后，人们已经认识到那种"铁路包围城市"或"城市包围铁路"之争是无意义和无济于事的。也都看到了城市将不断发展，城市化进程不可阻挡，而铁路不可能因城市发展而不断"搬家"，铁路"搬"远了对城市不利。也看到了铁路并未阻挡城市发展，铁路不"外搬"，城市照样发展等这些实际上存在的客观发展规律。因此，人们才着重研究处理城市和铁路发展中的具体矛盾问题。而且取得了很好的成效。

3. 处理好高速铁路与城市交通的关系

高速铁路与市区道路都是行车繁忙的通路，因此必须做到两者都能畅通而互不干扰。为此，市内高速铁路的修建方式，可根据具体条件采用高架桥线路或地下线路方式。如位于东京市内繁华拥挤地区的大宫—上野—东京段高速铁路,为了不与市内交通干扰,修建了地下线、上野地下站和高架铁路。

4. 尽量减少高速铁路对城市环境的影响

高速铁路列车不排放有害气体和污染物,已是十分洁净的运输工具,它对环境的影响主要是噪声和振动。高速列车运行时产生噪声主要有:轮轨和机械摩擦、车体与空气摩擦和受电弓与接触导线摩擦。高速铁路为超长无缝钢轨线路,车辆制造也已采取防振措施和防振材料,因此轮轨和机械噪声已大大降低。车体与空气、受电弓与接触导线的摩擦噪声因城市内列车运行速度较低而降低。可见高速铁路在大城市内的噪声并不十分严重,也不是最主要的。

尽管如此,在大城市内的高速铁路仍需采取一系列的"减振降噪"措施。如采用无缝轨道、钢轨橡胶垫层、桥面减振垫层、声屏障等。个别情况还可采取人工隧道将高速铁路罩住,有条件也可将高速铁路置于有一定深度的路堑内. 以阻止噪声扩散,尽量降低噪声污染。

7.2.3 高速铁路通过枢纽的选线原则

(1)要以枢纽总图的高速铁路车站站址方案、以枢纽前方线路共同起讫处与高速客站方案的贯通为枢纽内选线的控制点。

(2)高速铁路在枢纽内的选线,同样要求顺直,减少对城市的拆迁和干扰。减少工程投资与运营费的支出。

(3)线路平剖面等参数要尽量达到规定的标准。但城市内受制约的因素很多,选线困难,也不宜强求符合标准。有时客观现实不可能按标准通过,有些情况将增加大量工程费或大量拆迁建筑物才可能达到标准。对此,均需经过工程技术经济比较后,作出合理的选择。未能达标困难的地段,可以作为限速通过。

(4)对于所有高速列车均需停车或绝大多数高速列车需停车的车站(一般是大型枢纽内的高速站),其两头附近的线路标准,可以选用与列车加减速模拟运行的速度(或牵引计算的速度曲线)相适应的平剖面标准。

(5)在城市内线路所经位置和线路用地,需与城市规划部门共同商量。线路宜绕避高新技术开发区、规划发展工业区以及军事设施等。

在研究铁路总体规划时,首先要深入了解城市的总体规划,尤其是城区的规划范围,功能区划分及道路、公交、城市轨道交通的规划。要充分听取城市规划部门的意见,使铁路规划与城市规划能有机结合为一个整体。如在天津枢纽总图规划研究中,结合天津市新的外环线规划线位,多次调整规划的东北环线和集装箱中心站的位置,最后将优化方案纳入总图文件。

(6)对枢纽内的重大工程,需首先对重大工程进行考证和研究,分析其基本的资料,了解相关部门的意见,分析建设的可能方案;如京沪高速铁路在南京枢纽通过长江的位置,首先进行了5个可能方案研究,排除了三个方案,确定了两个方案可供枢纽总图方案比选。

7.3 高速铁路通过大城市铁路枢纽的技术方案

7.3.1 高速铁路引入大城市铁路枢纽的引入线方案

高速铁路引入既有铁路枢纽,按其引入的位置及其与既有线的关系,可以有以下三种方式:

1. 并行引入方式

高速铁路引入枢纽内主要客运站,高速铁路引入线与既有干线在枢纽内并行,在主客站旁设高架(或地面)高速车场,与既有地面的客运车场横列布置。

这种引入方式对城市不产生重新分割,便于旅客换乘,可充分利用既有客运设备和市政设施。但高速铁路穿越市区与城市干道有交叉干扰,拆迁工程较大,高速铁路在枢纽内的技术条件受限制。

2. 并线引入方式

高速铁路在枢纽前方既有站(中间站或辅助客运站)与既有线合并后,再利用原有线引入枢纽内既有主要客运站。

这种引入方式的工程费小,节约城市用地,拆迁工程少,高速铁路对城市交叉干扰少。但高速列车在枢纽内的合并区间须减速运行,且该区间需要修建四线或多线,方可满足区间通过能力的需求。如沪宁城际高速铁路上海段中上海西至上海站的正线。

3. 分线引入方式

高速铁路在枢纽内的走向离开既有线,引入枢纽内适当地点的新建高速站。

这种高速铁路引入方式对城市环境的影响小,拆迁工程量少,有利于扩大枢纽的客运能力,高速铁路施工与运营无干扰。但新建高速站与既有站分开不利于旅客换乘,新建高速站要修建城市交通和公用服务配套设施,当新建高速站远离市中心时不易吸引客流。

选择何种引入方式,应根据本章节所述高速铁路枢纽及站场设计的基本原则和要求,结合城市规划和既有枢纽的总布置图,进行多方案比选后确定。

7.3.2 高速铁路引入大城市铁路枢纽高速车站设置方案

从高速站设置和高速线走向,可归纳为以下三种基本的技术方案:

1. 利用既有站、调整既有站分工或利用既有站改建的高速站

高速铁路正线利用既有线引入车站或客运专线正线直接接入车站。正线多为靠近既有线穿越市区走行。这种站、线的组合，在高速铁路通过大城市枢纽被较广泛的应用。如日本的高速线通过大城市铁路枢纽除个别几乎全部是这种组合，特别是东京地区三大站：大宫、上野、东京均为这种类型。法国如东南 TGV 线引入巴黎以及德国的全部枢纽都是这一方式。我国设计的京沪高速京、津、济、沪等枢纽亦为相同形式。

该方案最有利于吸引旅客和方便城市居民出行，既有站是居民长期以来习惯和熟悉的车站，市内交通也已有良好的配合。这种方案实际上是高速站取代了既有站或是部分取代。

2. 在既有车站附近建高速站

该方案本质上与第一种方案相同，依托既有客站站房等设施作为高速客运设施，高速车站与既有站不直接连通，高速线引入新建的高速站。如武广高速铁路广州北高速站和日本东海道新干线上的名古屋、京都高速站。

3. 与城市规划发展相应的位置新建高速站

在现有市区以外，与城市规划发展相应的位置新建高速站。高速正线在市区外通过，如设计的新徐州高速站和东海道新干线原新横滨高速站。

该方案是如实施前两种方案非常困难的情况下而产生的。其前提是新站区与城市发展要基本上同步实施。这种方案高速线路和高速车站工程的实施较前两种方案容易，且工程造价较低。

复习思考题

1. 简述高速铁路利用枢纽内既有铁路及车站的要求。
2. 简述各高速铁路线路引入北京铁路枢纽的情况。
3. 简述各高速铁路线路引入上海铁路枢纽的情况。
4. 简述高速铁路通过铁路枢纽的要求。

参考文献

[1] 陈应先．高速铁路线路与车站设计.北京:中国铁道出版社,2001.

[2] 刘向云,左峰,王祯,等.高速铁路设计规范(试行).北京:中国铁道出版社,2010.

[3] 中华人民共和国铁道部.铁路客运专线技术管理办法(试行)(300～350 km/h 部分).北京:中国铁道出版社,2009.

[4] 武汉铁路局,广州铁路(集团)公司.武广客运专线行车组织细则(试行).2009.

[5] 京津城际铁路、武广客运专线、广珠城际铁路、京沪高速铁路有关研究报告.

[6] 中华人民共和国铁道部．铁路技术管理规程．北京:中国铁道出版社,2006.

[7] 中华人民共和国铁道部．铁路线路设计规范．北京:中国铁道出版社,2006.